市民のための道路学

上岡直見 著

緑風出版

はしがき

日本で暮らしていると、スーパーマーケットの棚に商品が途切れることはなく、電気・ガス・水道が絶えず供給されている。ときに大きな自然災害が発生するかもしれないが、とりあえず明日も今日のように、便利な生活が続くように思われる。それでも、あと二〇年、三〇年の間には大きな変化が訪れると考える人は少なくないであろう。将来に何が起きるかは、国際社会の中での日本のあり方、経済と社会のあり方、そして自分自身のライフスタイルを、私たちがどのように選ぶかによって変わる。その一つの要素が「道路」である。

これまで日本国内に作ってきた社会資本としての道路のストックは、たしかに人々の福利厚生の向上にも役立ってきた。しかし今後、経済の高度成長も考えられず、むしろ財政面や環境面からの制約が強まってゆく条件のもとで、これまでのペースで道路整備を続けてゆくことは無理だと考える人々が増えている。そもそも行政がそう考えている——というと意外に思われるかもしれないが、すでに国でも地方でも、実情を知る担当者から、もう行政は道路整備に耐えられないという声が聞こえてくる。

最近の数年間、道路関係四公団の民営化問題を契機として、道路政策に対する社会的な関心が高まったことは意義がある。ところがせっかくの議論が、高速道路の経営形態と採算性の側面に矮小化されるとともに、官僚悪者論や市場原理の偏重といった筋ちがいの方向に拡散しつつある。それは、日本の交通体系をどうするのか、私たちの暮らしに交通がどのようにかかわるのかという観点なしに、高速道路問題だけを論じたことに原因がある。

市民がより広範に、また初期の段階から交通政策にかかわることが必要である。政策を批判する側にしても、現状の枠組みを前提にして「政治家が悪い、官僚が悪い」と訴えても、何も改善することはできないし、むしろ道路を作りたがっている人々から揚げ足を取られる絶好の材料を提供しているようなものだ。それよりも、道路交通の基本的な知識と、道路がどのような手続きや制度によって作られているのかを知り、その要点に対して検討を加えることが第一歩である。むしろ、道路をどうするかという議論の過程を利用して、新しい意思決定のシステムを作り出すくらいの構想があってもよいと思う。

以上のような問題意識をもとに、第一章では、道路交通の基礎知識について考える。道路はすべての人が日常的にかかわる問題でありながら、逆にあまりにも日常的であるためか、個々の道路利用者が、目の前の現象や個人的体験を、一般論に拡大して論じている傾向もみられる。また道路や自動車交通に関する基本的な知識がほとんど知られていないために、さまざまな迷信や通説が、自然発生的に、または意図的に流布されている。この章では、日本の道路と自動車交通の全体像を示し、道路は本当に足りないのかといった基本的な問題について考えてみたい。

第二章では、市民が交通計画に参画するための知識のひとつとして、交通需要予測を考える。民営化委員会[1]の一連の議論の中で、需要予測が意図的に大きく推計され、不採算高速道路の建設が促進されていると指摘された。つまり「過大」予測である。しかし一方では、新しい道路が供用されたときに予測を超える自動車交通が集中して、沿道の人々が交通公害に悩まされる事態も各地で発生している。これは「過小」予測である。需要予測について社会的な関心が高まったことは良いとしても、「当たった、外れた」という結果論や、官僚批判に結びつけるだけでは、市民の利益を守ることはできない。この章では市民が「予測」にどのように向き合い、交通計画に参画すべきかを考える。

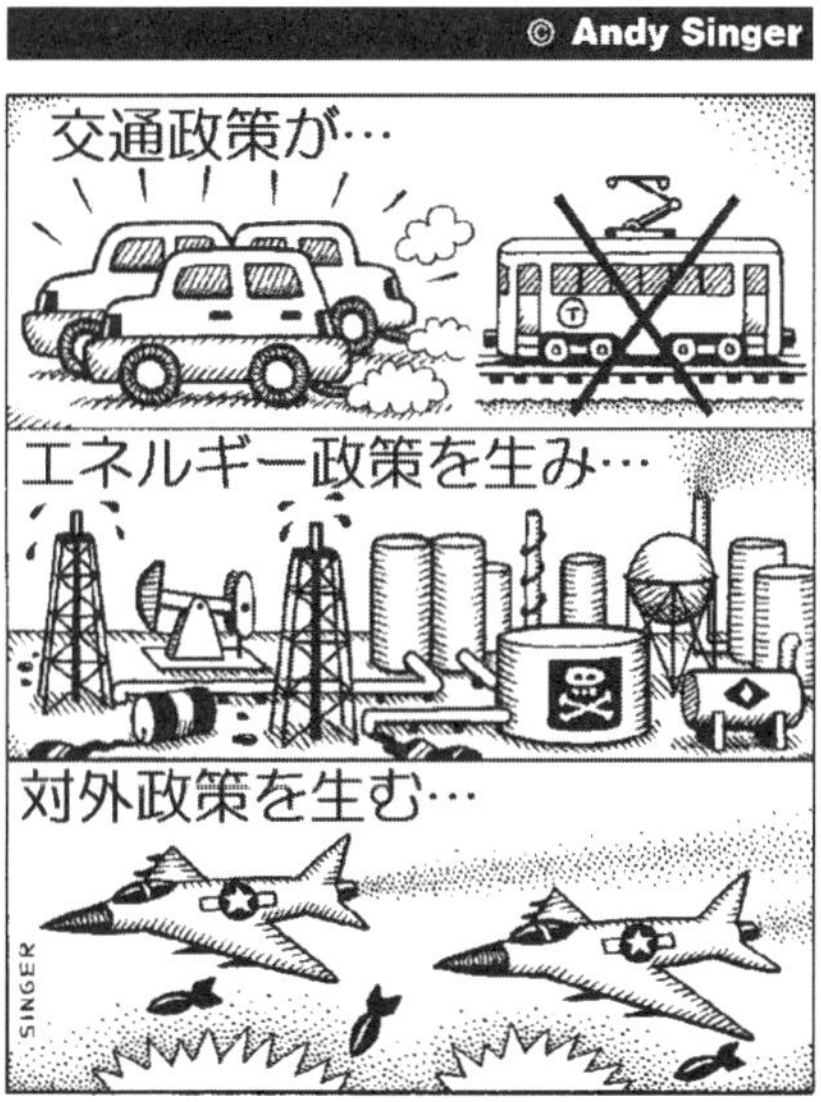
© Andy Singer
交通政策が…
エネルギー政策を生み…
対外政策を生む…
SINGER

作者の許可を得て転載
訳は上岡による

第三章では、評価の指標について触れる。民営化委員会の一連の議論で「無駄な高速道路」という形容がよく聞かれた。しかし、何が「無駄」で何が「いる（いらない）」のか、各々の論者の主観や利害にもとづく言い合いでは、結論の出しようがない。人口あたりや、国土面積あたりの道路延長距離など、マクロ的な指標を海外の任意の国と比較して、道路がまだ足りない、あるいは過剰だ、という議論もあまり意味がない。この問題に対して、あるていどの客観的な指標を与える費用・便益分析の考え方を紹介したい。これは道路整備の要否やその効果の評価にとどまらず、国や地域に最適な交通体系を、どのように選択すべきかという指標としても重要である。

第四章では、道路交通と環境政策、ことに重大な局面を迎えている地球温暖化対策を取り上げる。いま交通部門の対策として政府が提示している項目の大部分は実現性が乏しい。その中で一つだけ可能性がある自動車の燃費改善についても、カタログ燃費をもとにした計画値と、現実の路上での燃費が一致していないために、実効が期待できない。もし燃費改善が効果を発揮しないと、交通部門における温暖化対策は全滅である。何が原因なのか、交通現象の基本に立ちかえって考えてみたい。

第五章では、今後の交通政策を考える。ある国が、交通のあり方に対してどのような姿勢をとるかは、外交、財政、環境、エネルギー、土地などの基本政策までも規定する要素である。せっかく議論された道路公団の改革が、逆に不採算高速道路の建設をいっそう促進しかねない結果に陥った要因も、政・財・官の利権構造だけが問題なのではなく、自動車と道路に依存した交通体系そのものの本質に含まれる問題である。現状を批判するだけでなく、経済・社会システムの全体と整合性に配慮したうえで、あるべき姿のシミュレーションも示したい。

ところで、自動車と道路に依存した交通体系が政策面で何をもたらしているか、わかりやすい表現として米国のアンディ・シンガー氏の漫画（五頁）を紹介しよう。公共交通を軽視して自動車を優先する交通体系は、大量の化石エネルギー消費が不可避であり、結局のところ石油資源の確保を目的とする外交政策に反映される。もし日本が、国際的に尊敬と称賛を受けたいのなら、自動車と道路への依存をできるだけ少なくし、環境立国に転換することが現実的な選択肢である。

なお本書の全体を通じて、参考（引用）資料としてインターネットからの情報があるが、インターネットの情報は予告なく変更されたり、提供が停止されることがあるので、あくまで執筆時点での情報としてご了解いただきたい。

注

1 道路関係四公団民営化推進委員会の発足時点（二〇〇二年六月）の委員は次のとおり。今井敬氏（日本経済団体連合会名誉会長）・中村英夫氏（武蔵工業大学教授）・大宅映子氏（評論家）・猪瀬直樹氏（作家）・川本裕子氏（早稲田大学大学院教授）。

目次

市民のための道路学

はしがき　3

第一章　道路交通の基礎知識　18

●道路交通の基礎知識　18
◆道路交通を考える視点　18　◆道路の基本　19　◆どこにどんな自動車が通行しているか　23
●なぜ交通量が増えるのか　28
◆道路は自動車に追いつかない　28　◆モータリゼーション——悪の枢軸　33　◆「駐車場」が路上駐車を増やす　35　◆将来の交通量は減るのか　36　◆市町村合併と交通　39
●税・財源・制度をめぐる議論　40
◆道路とお金の流れ　40　◆自動車関係の税金は高いか　43　◆海外との比較　46
●道路整備の目的を見直す　49
◆東名高速道路の横顔　49　◆ボトルネック対策　51　◆都市環状道路の意味　53
◆第二東名と外環道・圏央道　57　◆日本中が渋滞なのか　58　◆多様な検討の必

要性 61 ◆地域にメリットはあるか 65 ◆通り抜け交通は別の対策で 66
●人々は何を必要としているか 68
◆道路が欲しいのではない 68 ◆道路が失業者を作る 69
●民営化委員会の評価 72
◆民営化委員会の限界と成果 72

第二章 市民と交通需要予測 81

●交通計画への市民参画 82
◆市民と交通需要予測 82 ◆情報のコミュニケーション 85
●需要予測の前に 87
◆「計画」と「決定」の分離 87 ◆需要推計がすべてではない 89 ◆交通実態の調査 90
●交通需要推計のしくみ 95
◆交通需要推計とは何か 95 ◆四段階推計法 96 ◆段階ごとの推定 98 ◆第一段階・発生と集中 99 ◆第二段階・分布交通量 101 ◆第三段階・手段分担

率　102　◆第四段階・経路配分　103
●結果をどうみるか　107
◆推計結果の解釈　107　◆裁かれた交通需要推計　112　◆圏央道あきる野裁判と道路問題　113　◆圏央道あきる野裁判と道路問題　115　◆市民と専門家　116
●最大の難物――物流　119
◆市民がトラックを走らせる　119　◆大型トラックは邪魔ものか　120

第三章　評価の指標　127

●「要・不要」とは何か　128
◆高速道路の新直轄方式　128　◆社会的費用・便益を考える意義　129　◆注目する要素　132　◆社会的割引率　134　◆ドイツのＲＡＳ―Ｗについて　135　◆日本での評価項目　136
●具体的な便益と費用の算出　139
◆走行時間の節約（①―（ⅰ）の項目）　139　◆走行費用の節約（①―（ⅱ）の項目）　141　◆交通事故減少の価値（②の項目）　143　◆大気汚染の考え方（③―（ⅰ）の項目）　144

◆騒音（③—（ⅱ）の項目）　147　◆地球温暖化の世界的被害（③—（ⅲ）の項目）　149

●事例から考える　152

◆都市高速道路の外部費用　152　◆「バイパス」だけが選択肢か　154

●自動車の社会的費用　157

◆社会的費用の考え方　157　◆社会的費用の具体額　161　◆社会的費用を計測する意義　161

●費用・便益分析の応用問題　163

◆地方鉄道存続と費用・便益分析　163　◆「えちぜん鉄道」復活の事例　164　◆バス転換は「公共交通全廃」を招く　167　◆クルマ社会だからこそ必要な地方鉄道　168　◆全国の地方鉄道の費用・便益分析　171　◆都電は渋滞を救う　173　◆自転車交通の社会的便益　175

第四章　道路交通と地球温暖化　183

●温暖化問題と交通　184

◆完全に破綻した温暖化対策　184　◆対策メニューの評価　186　◆道路建設は温暖

化対策になるか？　188　◆道路整備効果の実績も不明　191　◆どのくらいの対策が必要か　193　◆幻想にすぎない燃料電池　194　◆普及を妨げる壁　196

●温暖化と自動車交通　197

◆カタログ燃費と実態燃費　197　◆実態燃費を左右する要因　200　◆道路工事が発生するCO_2　204

●道路整備がもたらす別の側面　206

◆遠い食卓――フードマイルズ　206　◆夕食メニューとCO_2　208　◆鉄道駅が温暖化を防止する　210

第五章　「脱道路」が日本を救う　219

●経済・社会シミュレーション　220

◆豊かなうちに方向転換しよう　220　◆市民エネルギー調査会　222　◆シミュレーションの前提　223

●日本の交通政策と道路特定財源　225

◆戦後交通政策の出発点　225　◆ワトキンス・トラウマ　227　◆道路特定財源の説

明をめぐって　228

●転換のシナリオ　231
◆シナリオの基本　231
◆道路特定財源の転用　234

●総合交通政策の枠組み　235
◆政策の五要素と市民のニーズ　235
◆交通基本法の展開　239
◆ＬＲＴの推進　244

●高速道路無料化論を検討する　246
◆「日本列島快走論」について　246
◆生活圏が広がるとどうなるか　248
◆交通現象としての検討　251

あとがき　256

第一章　道路交通の基礎知識

●道路交通の基礎知識

◆道路交通を考える視点

二〇〇二年～二〇〇三年に、道路関係四公団[1]の民営化にかかわる議論が社会的に注目を集めた。また、民営化を議論する道路関係四公団民営化推進委員会（以下「民営化委員会」）は、二〇〇二年六月から二〇〇三年一二月まで、正規の会合だけで五二回にわたり開催され、文字数にして三〇〇万字を超える議事録を残し、そのほかに多数の貴重な資料が公開された。関係者、とりわけ事務局の裏方の労力には敬意を表したい。また道路問題が、単に個別の道路に対する賛否や、道路公害といった問題を超えて、政治の仕組みとのかかわりで広く社会的に関心を集めたことは大きな意義があったと思う。一方で、民営化推進委員会での議論の内容は、債務、採算性、公団の経営形態に集中し、そうした枠組みを持たない「ふつうの道路」の問題が取り上げられなかった。これは委員会の設立趣旨からしてやむをえないことではあるが、高速道路は、道路延長距離にして一パーセント、また交通量にして一割にも満たず、そのほかの大部分の自動車交通は、無料（そのつど料金を徴収しないという意味で）の一般道路によって支えられている。

民営化委員会の役割に制約があったとはいえ、そこでの議論に、そもそも日本の交通体系をどうするのか、私たちの暮らしと道路がどのようにかかわっているのか、という観点が必要だったのではないか。もし、道路関係四公団の民営化問題が「人々が自動車をより安価に、より便利に使えるようにすべきだ」という観点から論じられていたとすれば、一連の議論で焦点となっている「無駄な」道路建設や、債務の膨張という側面についても、けっして改善されることはないだろう。

議論の過程では、民営化委員会の特定の委員によるアピールが目立ち、それに対する感情的な反論が展開されたために、マスコミは「改革派」対「道路族・官僚」といった単純化した構図を強調した。しかし、政治家や官僚は常に批判の対象にされやすく、それだけでは時候のあいさつに過ぎない。議論が高速道路の経営形態と採算性の側面にかぎられたことに加えて、官僚批判に便乗した市場原理の偏重や、民営化万能論に向かって議論が暴走している傾向もみられる。

それよりも、交通という現象を、できるだけ具体的なデータを使って認識し、「なぜ道路が必要（あるいは不要）と考えるのか」という基本から考え直し、交通・道路・自動車に関して、市民が正しい情報を取得し、共有する努力が必要なのである。市民が交通計画に対する科学的・基本的な知識を持ち、交通計画に対して初期の段階から参画することが必要である。この章では、日常の道路でみられる現象をもとに、基本的な道路の知識について考えてみたい。

◆道路の基本

高速道路はたしかに日本の基幹的な交通ネットワークであるが、インターチェンジの間を移動するだけで用が足りる人はいない。「道路ネットワーク全体の中の一要素としての高速道路」という観点なしに、高速道路を論じることはできない。民営化委員会の第一回委員会で、中村英夫委員が「日本の道路は一二〇万キロあり、いまここで議論をしているのは、そのうちせいぜい一万キロ」と議論の前提を示している。[2] 非常に重要なポイントなのだが、残念ながらその後、議事録や各委員が個別に公表した意見書等を読むかぎり、中村委員が提起した問題にはほとんど関心が示されていない。

四公団がかかわる高速道路は、国内の道路ネットワークのうち、ごく局所的な例外ケースにすぎない。まず、日本の道路がどのように構成されているのかを概観してみよう。道路の種類と、その延長距離をみると、図1—1のようになっている。延長距離でみると、全国の道路総延長がおよそ一一六万kmであるのに対して、高速道路はおよそ八八〇〇kmであり、一パーセントにも満たない。四公団がかかわる高速道路（高規格幹線道路・都市高速道路）は、図1—1のグラフではほとんど長さがあらわれない延長距離しかないが、逆に最も長いのは市町村道である。

道路は土地の面積も必要とする。国内のすべての道路を合計すると、面積にして一万二六〇〇平方キロメートルになるが、この数字は、住宅地の一万七〇〇〇平方キロメートルよりも多く、[3] 日本の国土面積の三・三パーセントを占める。通常の道路のほかに主として農林水産省の予算で整備される農（林）道があり、現実には通常の道路と同様に利用されている。農（林）道は、全国の国道と都道府県道の総延長を超える距離を有し、地域によっては高規格の農道が国道や主要地方道と並行している事例もみられるが、農（林）道は国土交通省の統計の対象になっていないために、交通

図1—1　道路の種類別の延長距離

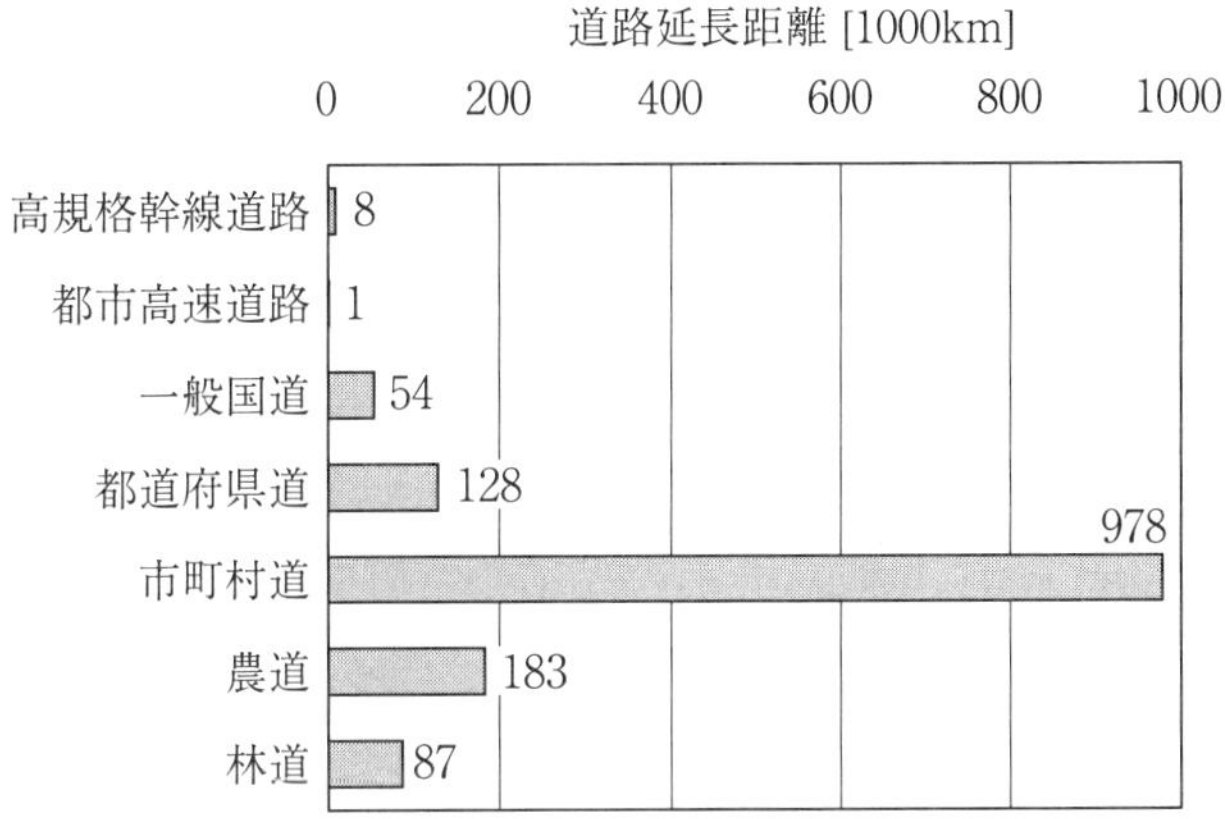

実態が数量的に把握されていない。国道その他の主要な道路と農（林）道が並行する区間では、いずれか一方で充分な交通容量を有するのに、省庁ごとに別の計画が立てられ、無駄な投資が行われているという指摘もある。

　道路は、単に自動車を物理的に通行させるだけでなく、表1—1に示すようにさまざまな機能を有している。[4] ストック効果とフロー効果に大別されているが、道路にかぎらず多くの社会資本は、製造業の生産設備とは異なり、それ自体が何かを生産するのではなくて、その設備を人々が利用することによって直接・間接の便益が継続的に生じることが特徴であり、これがストック効果と呼ばれる。このため高速（有料）道路以外のほとんどの道路は税金で作られ、無料で（そのつど使用料を徴収しないという意味で）供用されるわけである。一方でフロー効果は、主に道路の建設そのものから生じる経済や雇用の誘発効果である。

表１―１　道路整備及び道路投資の効果

（『道路行政』平成 14 年度版より） ★は新道路整備５カ年計画による効果として計上したものである。		
ストック効果	交通機能に対応する効果	★①走行経費の節約 ②燃料の節約 ★③走行時間の短縮 ④定時性の確保 ⑤運転者の疲労の軽減と走行快適性の増大 ⑥大量輸送処理の効果 ⑦荷傷みの減少と梱包費の節約等 ⑧快適な歩行 ⑨自転車交通のモビリティ向上 ★⑲輸送費の低下 ★⑳物価の低減 ★⑬生産力の拡大効果 ★⑬生産力拡大による税収の増加 ⑭工場立地や住宅開発などの地域開発の誘導 ⑬沿道土地利用の促進 ⑲通勤・通学圏の拡大や買い物の範囲拡大など生活機会の増大 ⑰公益施設の利便怯向上、医療の広域化など生活環境の改善 ⑬人口の定着・増大 ⑲地域間の交流・連携の強化等
	空間機能に対応する効果	①国土の有効利用と国土管理の効率化をもたらす社会的公共空間 ②市街地を形成する都市の骨格 ③生活の快適性を向上させ、都市のアメニティを高める通風、採光、緑の空間 ④都市の安全を保障する防災空間 ⑤電気、電話、ガス、上下水道、地下鉄、光ファイバー等の都市活動基盤施設の収容空間
フロー効果	事業支出効果	★①道路投資の需要創出効果 ★②需要創出による税収の増加 ★③輸入の拡大

この表では、ストック効果の中に「交通機能」と「空間機能」が示されている。大別すると、「交通機能」は、都市（地域）間の、比較的長い距離をむすぶ幹線道路の機能であり、「空間機能」は、どちらかというと都市内部での街路の機能を中心にみている。道路の整備といっても、それまで何もなかった場所に新たに道路を敷設するケースはむしろ少なく、もともと歴史的に何らかの道があって、次第に自動車交通量が増加し、それに応じて改良（車線数の増加など）を施してきたケースが多い。自動車社会になっても、なお「〇〇街道」と通称される道路も多く、文化的な意味も継承されている。

全くの「さら地」に対して新しく都市を作って、教科書どおりの都市計画にもとづいて道路整備を実施するケースは日本では少ない。このため「道路行政に計画性がない」「いつも工事ばかりしていながら改良された実感がない」と批判されることもある。また幸いにも戦災を受けず、昔ながらの街並みの構造が残っているために、かえって自動車交通への対応に苦慮している都市や地域もみられる。

◆どこにどんな自動車が通行しているか

いくら立派な道路があっても、道路という物体だけでは何も便益を生み出さない。道路の上を自動車が走行することによって、はじめて便益が発生する。国内を多数の自動車が走り回り、至るところで道路の建設や補修が行われているが、「どの道路を、どのような（乗用車・バス・小型トラック・大型のトラックなど車種別）自動車が、どれだけ通行しているか」という確実なデータは、意外にもどこにも存在しない。

といっても、一定の制約のもとでの「統計」は存在する。主要なものとして、①自動車輸送統計によるもの、②道路交通センサス（自動車起終点調査）によるもの、③道路交通センサス（地点観測）によるものがある。道路ぎわでアルバイト学生がカウンターを打って自動車の通行台数を数えているのを見かけた人もいるかもしれないが、これは③の系統に属する調査である。また測定器で常時自動的に計数されているデータもある。大がかりな調査なので、全国統一の調査はおよそ五年に一回の周期であり、さらにデータを集計した後の公開はさらにそれより遅れるため、場合によっては十年近く遅れたデータを使用せざるをえないこともある。

①は旧運輸省系、②と③は旧建設省系のデータである。しかし、これらをそれぞれ全国で積み上げても、相互に一致しないし、車種別の区分も異なる。旧建設省系どうしの②と③でも一致しない。同じ年のデータでも③—②—①の順に数字が大きくなり、①と③で五〇パーセントの差がある。考えられる理由としては、③の道路交通センサス（地点観測）は、一年の中で特定日のデータのため、必ずしも代表的なデータでない可能性があることと、対象が主要道路のみで細街路（いわゆる生活道路）や農（林）道のデータが収集されていないために、実態より過少と考えられる。これに加えて、細街路や農（林）道の全国的な統一計測データがないので、客観的な検証のしようがない。なお①は毎年、②と③はおおむね五年おきである。

航空機のように、それぞれの航空機があらかじめ飛行計画を提出し、どの航空機が、どこをどんな状態で飛行しているかを管制官が把握し、かつパイロットが管制官の指示に従うというシステムが道路交通にも備わっていれば、道路はいまよりも格段に有効に活用できるだろう。しかし道路交通では、すでに自動車の数があまりにも多くなりすぎて個別に管理できないし、特に乗用車は、利用者がいつでも個別の都合のみによって経路や目的地を変更できることを前提としたシステムである。電子技術を駆使して個別の自動車の動きを追跡することは可能であるが、それでもあくまで現時点のデータが収集できるにすぎず、将来の道路計画を立てようとすれば、いずれにしても何らかの推定によらざるをえないのである。

道路公団民営化の議論の過程では、交通需要推計が過大かどうか議論になったが、まずその起点

図1—2　道路種類別の自動車走行量

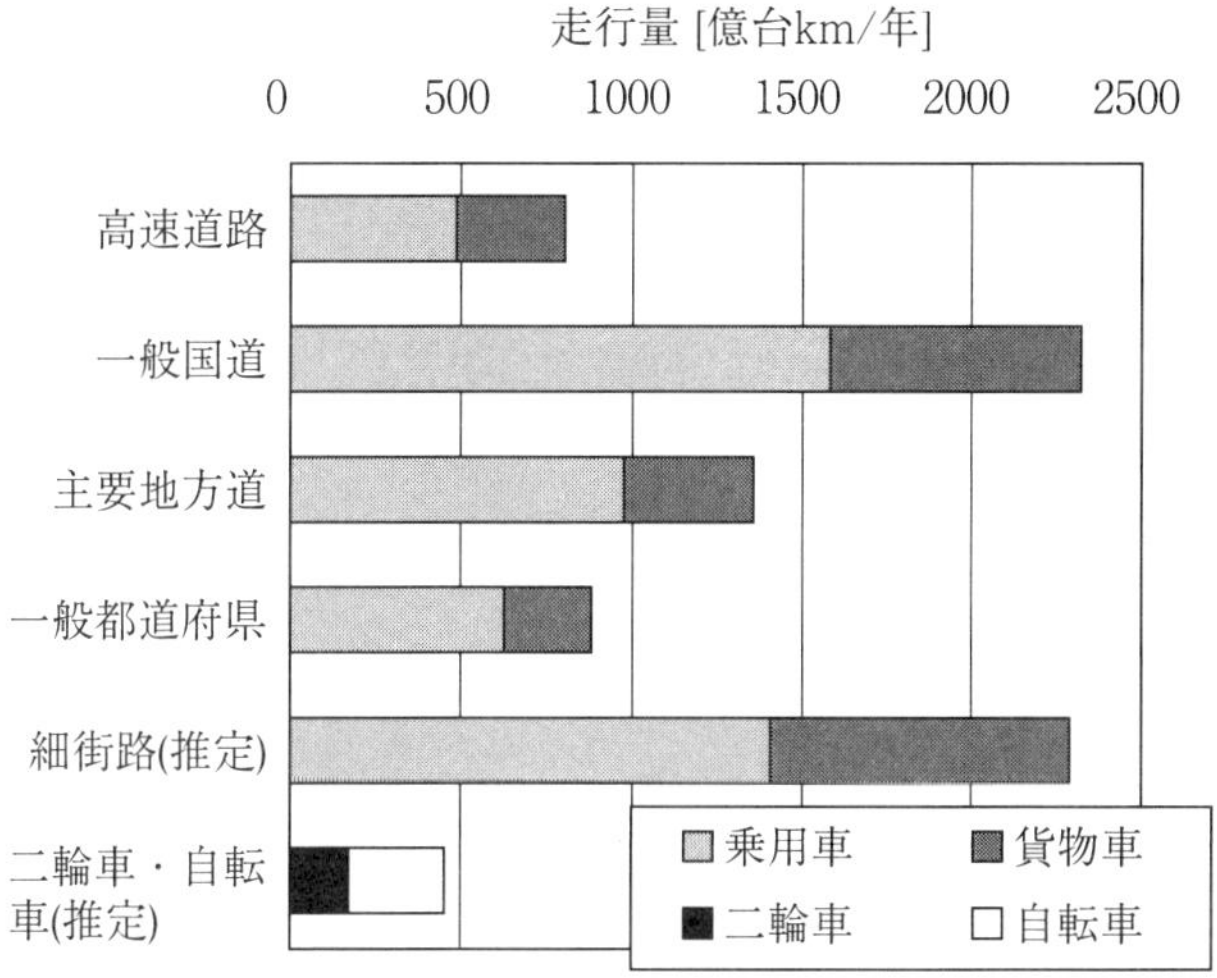

となるデータに誤差が多いことも知っておくべきであろう。それでは、いったい道路の計画というのは何を根拠になされているのだろうか。不確定要素はあるにしても、数量的な目安をつかんでおかなければ議論ができない。データとして入手しやすい③を基本に、その他の資料から補足して、まず「どのような道路を、どのような自動車が、どれだけ通行しているか」の概略を図1—2に示す。[6] 参考までに、別の方法から求めた二輪車と自転車の走行量も併記した。二輪車や自転車の交通量はデータが乏しく、全国的に集計した値がないので、筆者が推計[7]して併記した。

幹線道路の脇に立ってみると、多数の大型トラックが通るような印象を受けるが、これは大型トラックの外観が威圧的であるために、心理的な受け取り方として実際より多く感じるようである。測定の集計の結果では、高速道路でも一般道でも、乗用車が多い。また細街路は主に市町村道であり、中には幹線的に使われている道路もあるものの、大部分はいわゆる「生活道路」と考えてよい。この細街路の交通量は、道路交通センサス（地点観測）で測定されていないので、別に運輸統計[8]から主要道路の分を差し引いた交通量を細街路の交通量とみなす。

主要道路といっても、そこを通行する自動車は、乗用車であれトラックであれ、天から降ってくるのではない。住宅や事業所（の駐車場）が主要道路にじかに面している場合を除いては、必ず主要道路にアクセスする別の道路を通ってくるはずである。したがって、主要道路を通行する自動車が増えるということは、必ず細街路（生活道路）を通行する自動車も、一定の割合で増える関係を忘れてはならない。図1―2のように、細街路の交通量は国内の自動車交通量の三分の一を占める。また東京都の資料[9]によると、都内の自動車交通量の四八パーセントが細街路で発生しているとの推定もある。さらに細街路では二輪車や自転車の交通も注目される。二輪車や自転車の交通量は少ないように見えるが、別の見方をすれば、自転車の交通量は、台・kmにして高速道路の乗用車交通量の六五パーセントもある。高速道路関係の四公団に毎年七兆円も投資しているのだから、環境負荷がほとんどない自転車という特性からも、また交通量の分担率からしても、自転車交通環境の整備に数千億円単位の財源を回しても良いのではないだろうか。なお、自転車交通の活用による社会的な費用・便益分析の事例を第3章に示す。

次の図1―3は、同じデータからであるが、道路の種類でなく、沿道の状況別に集計しなおし

図１―３　状況別の自動車走行量

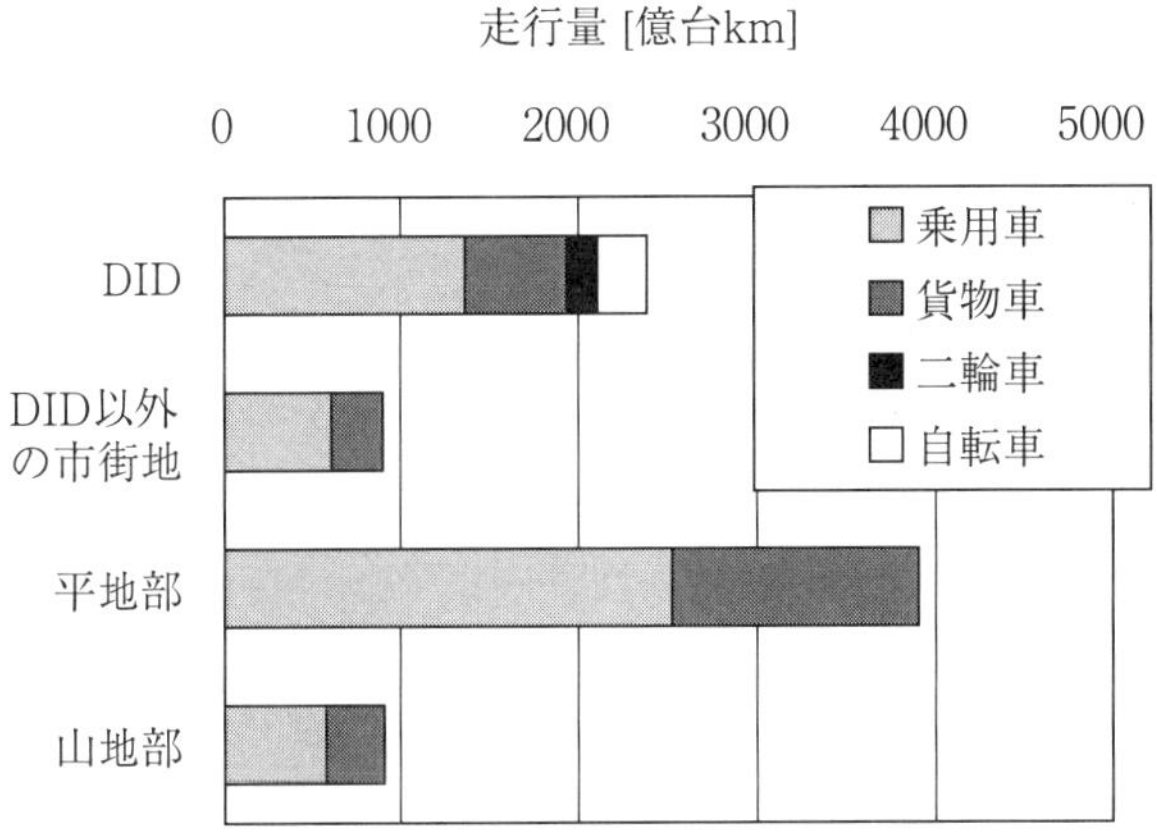

DID	住宅、事業所、商店などが面的に広く密集している市街地
DID 以外の市街地	道路の両側に人家が建ち並んでいるが、面的にまではなっていない状態
平地部	人家がまばらで、一般に平野、低地、盆地など
山地部	同じく人家がまばらな山地、丘陵及び山麓で、一般に急カーブや急勾配が多くなる

たものである。道路交通センサスでは、沿道の状況を「ＤＩＤ（人口密集地）」「ＤＩＤ以外の市街地」「平地部」「山地部」の四種類に分類している。これらの詳しい定義は省略するが、およその印象を言葉で示すと、次のようになる。大都市の中心部はもちろんＤＩＤであり、中小都市でも駅の周辺や住宅地はたいていＤＩＤに属する。中小都市で郊外になると、道路の両側に人家が建ち並んでいて、その背後に農地も見えるような状態になるが、このような状態が「ＤＩＤ以外の市街地」と思ってよいだろう。実例を挙げると、東京二三区とＪＲ中央線・主要私

鉄線沿いの市部は全面DIDであるが、青梅市や八王子市まで来ると市域の六〜七割（面積にして）がDID以外にあたることから、現地を想像して感じがつかめると思う。さらに平地部・山地部は常識的に「町」とはいわない地域である。こうした感覚で図1―3を見ていただきたい。なお二輪車・自転車は、便宜上DIDに含めた。

市街地、人口密集地よりも、農山村部で自動車がより多く走っていることがわかるが、この関係は常識的に理解できるだろう。人口密集地では公共交通を利用できる機会が多く、買い物そのほか日常の用事も、移動距離が少なくて済む。これに対して、人家がまばらな農山村部になると、日常の買い物すらクルマが必要になる。同時に公共交通のサービスが不便であったり、あるいは存在しないという条件からも自動車が必需品となる。農山村部では、一世帯でクルマを三〜四台保有しているという状態も珍しくない。こうした地域では、大気汚染や渋滞はほとんどみられないかわりに、地球温暖化の原因となるCO_2の排出量が多くなる。

●なぜ交通量が増えるのか

◆道路は自動車に追いつかない

東京都議会二〇〇二年度第四回定例会において、石原慎太郎都知事は所信表明で「また、社会活動に比べて道路の絶対量が不足しているため、大気汚染がさらに悪化していることも、見逃すことのできない東京固有の問題であります。東京では、道路整備は、走行時間の短縮など直接の経済効果だけではなく、大気汚染の軽減など外部不経済の解消にも優れた効果を発揮いたします。中でも環状方向の道路は整備が遅れており、その開通は、首都圏全域に高い波及効果をもたらします」と述べている。

このように、道路の整備は、渋滞対策や環境対策として取り上げられることが多い。すなわち道路を整備することによって、自動車の走行がスムースになり、燃費向上による省エネや、大気汚染の低減、さらには生活道路への通り抜け交通の進入が防止できるというのである。しかしこれは、そうあってほしいという「期待」ではあるが、理論的にも検証されていないし、実際に逆の現象が起きている地域の実例もある。都市の道路交通を考えるにあたって、第一に知っておくべき要点であろう。

よく知られるように、ガソリン税や軽油引取税、その他の自動車関係の諸税のうち特定財源分のほとんどが、そのまま道路整備に充てられる。一般道路は、有料道路と異なって、一見「無料」で使っているようだが、燃料消費量がおよそ自動車の走行量に比例することから、高速（有料）道路以外でも、自動車利用者は間接的に使用料を負担していることになる。ところが、図1―4に示すように、最近のおよそ二〇年にわたって、すべての道路のピーク時（混雑時）の自動車の平均速度をみると、ほとんど向上していないか、むしろ低下する傾向にある。これはなぜであろうか。

図1—4　ピーク時の平均走行速度

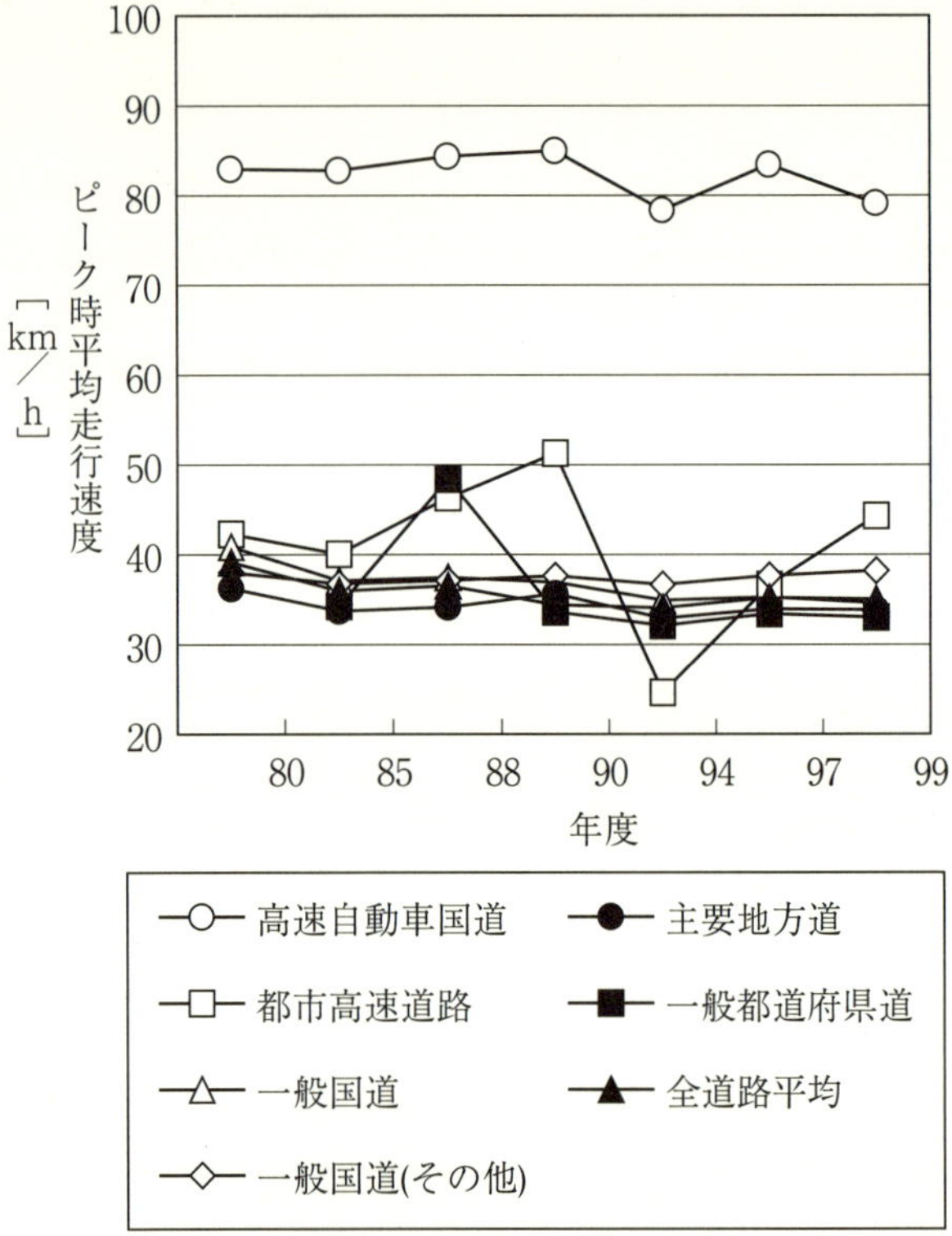

図１―５　道路容量と自動車走行量の伸び

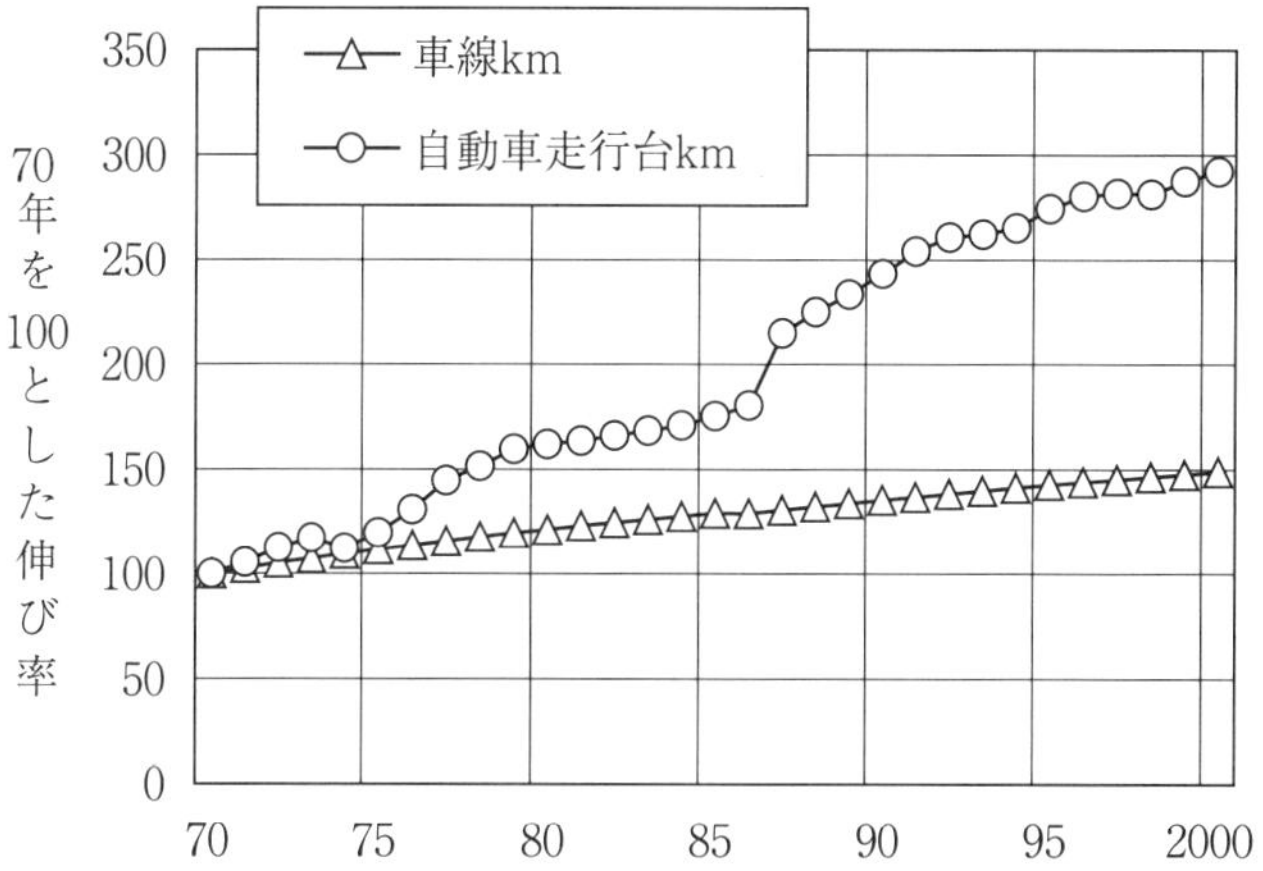

図１―５は、最近三〇年あまりの間で、全国の道路整備の推移と、自動車走行量（台・㎞）の増え方を比較したものである。[11] 道路の整備とは、これまで道路がなかった地域に新しい道路を作るだけでなく、むしろ既存の道路の改良が大きな比率を占める。たとえば二車線[12]だった道路を広げて四車線にすると、道路の延長距離としては同じであるが道路容量がおよそ二倍[13]に増える。このため、道路整備の状況を延長距離だけであらわすと、車線数によってその交通容量が異なるため正しい比較にならない。そこで「道路容量」として、図１―５では車線数×道路延長距離という指標で示している。

過去三〇年間で道路容量が約五〇パーセント増加した一方で、自動車走行量はそれを大きく上回り、約二〇〇パーセント増加している。前述のように、道路特定財源はおよそ自動車走行量に比例して収入があり、それをほとんどそのまま道路整備に回しているのだから、自動車走行量の伸びに応じた整備をしているはずなのに、それでも追いつかないというのが、物理的な事実関係なのである。

考えてみればあたりまえで、道路を整備するには、土地の取得からはじまって長い時間がかかるのに対して、自動車はどんどん供給され、誰もが免許を取って、近くのコンビニに行くにも自動車に乗る。どちらの要素が勝るか考えるまでもない。この上、さらに財源を増やして、自動車走行量の伸びに追いつくまで道路整備を増やすことができるだろうか。

これまでの巨額の投資は、道路利用者の利便性の向上には貢献せず、自動車総台数と交通量の増加によって打ち消された。将来、程度はともあれ財源の制約が強まる条件のもとで、自動車の増加に追いつくまで道路投資を増加することができるであろうか。ほとんど不可能と考えるのが妥当であろう。

高速道路については、整備する財源の仕組みが一般道と異なるが、インターチェンジの間だけを移動して用が済むドライバーはいない。市内のある場所から、別の場所に移動する一連の過程の中で、高速道路を利用することによって、そのメリットが発揮されるわけである。新規の高速道路の供用によって部分的に便利な区間ができても、そのためにアクセス部分の一般道が渋滞するようになれば、移動の目的全体としてのメリットは失われてしまう。社会全体でこの現象がおきているために、部分的に高速道路（環状道路）の供用が続いていても、全体として一向に渋滞は改善されない。都市圏の環状道路がかりにすべて完成しても、渋滞は変わらない可能性が大きいし、全体の環状道路ネットワークの完成もいつになるか見通しは不明である。

図1―6　モータリゼーション進展のサイクル

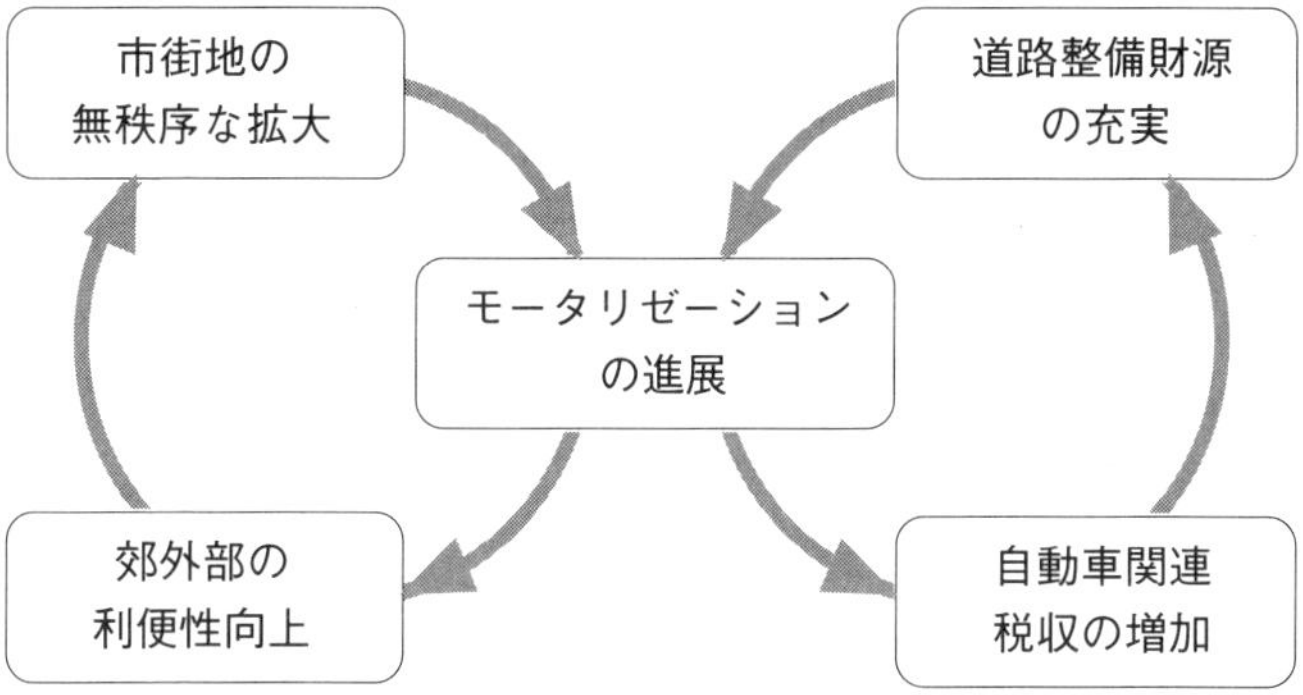

◆モータリゼーション――悪の枢軸

道路交通の構造を別の観点から、土地の利用状況とのかかわりも合わせて見てみよう。それは、人々が自動車を利用することが、ますます自動車の増加を促すという「悪の枢軸」のサイクルが存在することである。これが第二の要点である。模式的に表現すれば図1―6のようになるだろう[14]。図の右側のサイクルは、自動車を使うほど道路特定財源の収入が増えるので、道路の整備が行われる。それがますます自動車の利用を促進する。右側のサイクルは以前から多くの人が指摘しているが、左側のサイクルも重要である。人々が自動車を持つようになると、都市中心部では自動車の利用が不便になるため、郊外に住宅地が拡大してゆく。いわゆる「スプロール化」と言われる現象である。それとともに中心部の在来の商店が成り立たなくなり、ますますスプロール化が加速する。その過程で、公共交通の経営が苦しくなるので、路線の廃止や運行本数の削減が起きる。するとますます人々は自動車に依存せざるをえなくなる。これら二つの「悪の枢軸」を是正しないかぎり、どのような渋滞対策、環境対策であれ「もぐら叩き」にすぎず、効果を挙げることはない。

ほとんどのマイカー利用者は、クルマの使用状況を「走行キロ」や「燃料消費量」で捉えており、時間的な稼動率を意識している人は少ないと思う。実際には、クルマの全ライフステージのうち、クルマが動いているのは五〜六パーセントていどであり、その他の時間は単に止まっているのである。クルマの走行距離は、人口密集地・郊外部・農山村など条件によって異なるが、全国で平均すると、年間一台あたり一万km前後である。

一方、全国の乗用車の平均走行速度は約二〇km／時と推定されているので[15]、一台のクルマが年間で動いている時間は、およそ五〇〇時間である。これを年間の時間数（八七六〇時間）で割ってみると、五・七パーセントに相当する。首都圏などの人口密集地ではもっと少ないであろう。つまりクルマは、ほとんど「停めておく」ために金を使っている乗りものである。年間の時間数は、一日二四時間すべてをカウントしたものであるが、大部分の人々が屋外で行動しない夜間（一九時〜翌朝七時）を除いた時間帯に対して計算しても、時間的な稼働率は一〇パーセント前後にすぎない。

このことは、もし道路に空きができて走りやすくなったら、車庫に眠っているクルマが、住宅街の至るところから路上に湧き出してくる可能性を示している。民営化委員会の議論で、猪瀬委員が「まもなく日本の人口減少が始まるのに、自動車交通需要が増加すると予測するのは不自然」と指摘しているが、自動車交通需要は人口だけの関数ではない。むしろこれまでの実績から、道路を整備すればするほど、自動車交通需要が増加する関係にあると考えたほうが説明がつく。自動車交通需要そのものを抑制しないかぎり、渋滞はけして改善されない。

◆「駐車場」が路上駐車を増やす

都市の街路では、交通量が道路容量を上回っているという関係で渋滞が起きるだけでなく、路上駐車が道路交通をさまたげることも大きな要因になっている。「街中の駐車場が整備されていないから、路上駐車をせざるをえないのだ」という意見を聞くが、関係は逆である。都市内の駐車場の増設は、自動車交通量をさらに増やす影響を持つ。図1―7は、世界各都市の従業員一〇〇〇人あたりの駐車場台数と、その都市での一人あたり自家用車の利用量の関係を示す[16]。駐車場を提供するほど、自動車の利用が増加している。

ことに日本では、公共駐車場を整備するには巨額の費用がかかる。横浜市の例でみると、オフィス街に収容台数一九三台の地下駐車場を建設する費用が、七二億円と報告されているから[17]、自動車一台分のスペース当り三七三〇万円かかっていることになる。地下への出入りのための斜路等の付帯工事を含めると、さらに高額になるだろう。中古車であれば家電製品なみの価格で購入できるクルマを「停めておく」ために、これだけの費用がかかる。七二億円という数字は、中小都市なら路面電車システム一式ができてしまう額である。もし、都市内部でクルマを使おうとする人が、公共交通に乗り換えることによって、道路の負荷が低減され、渋滞が緩和されるなら、そのほうがは

図1—7　駐車場台数と自動車使用量

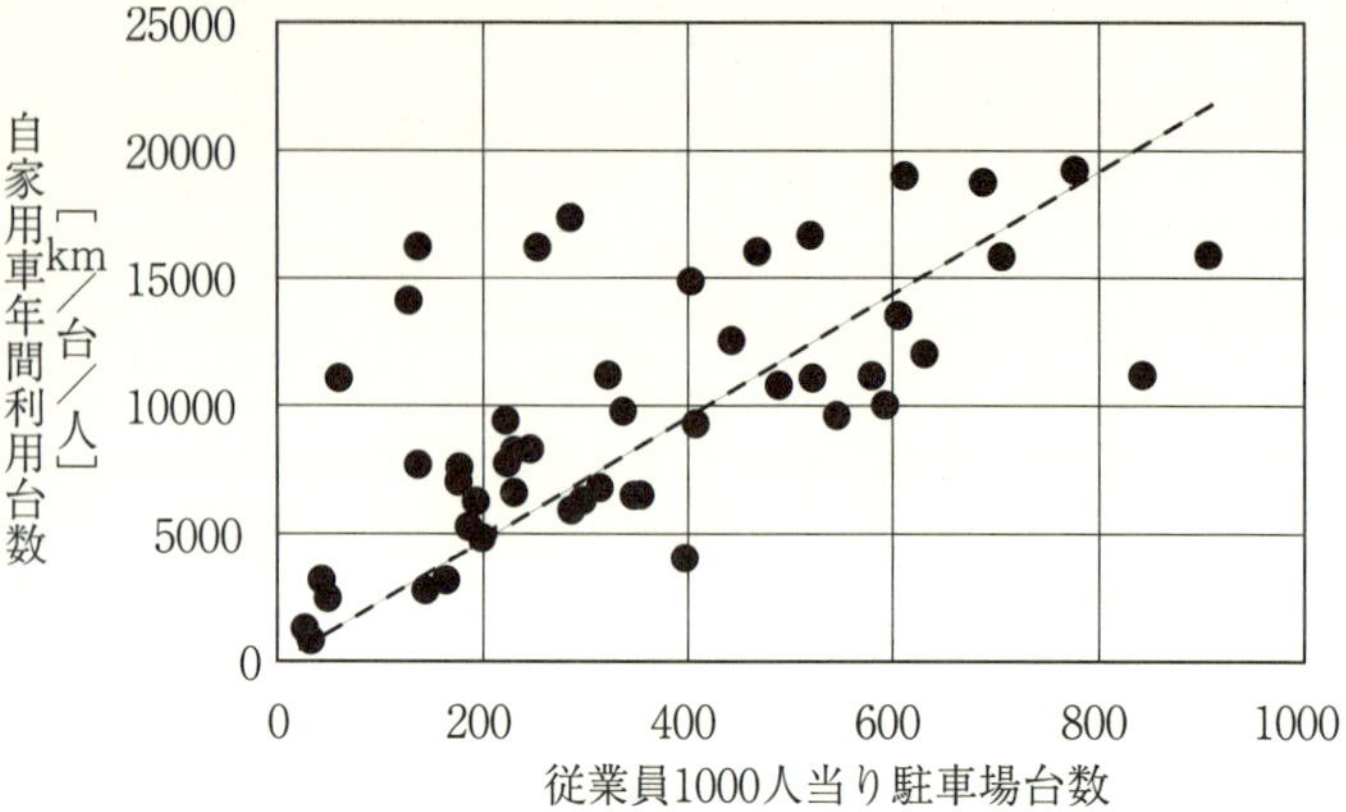

るかに有効な税金の使い方であろう。

巨額の費用がかかることもあって、現実に都市内での駐車場の整備は進展していない。駐車場の統計[18]によると、自動車一万台あたりの駐車容量は四〇〇〇台分前後、すなわち自動車台数の四パーセント分にすぎず、増加のペースとして一パーセント増えるのに十年かかっている。今後いかに費用をかけたとしても、自動車の増加に追いつく駐車容量を整備することは不可能である。少数でも駐車場があることを前提としてクルマに乗ってくる者がいるため、それが結局のところ路上駐車に転化せざるをえないのである。これからは「都市に駐車場はない」という原則を宣言すべきであろう。

◆将来の交通量は減るのか

自動車交通は常に膨張の圧力を有している。人口動態や免許保有率の推移と比較して、その要因だけからみると交通需要予測が過大であるように思われても、現実には自動車交通の分担率が年々高まっている。たとえば夫と妻の二人の世帯で、両者とも二人ともいずれかの勤務先に通勤しながら生活を営んでいるとする。ここで、あるとき夫がクルマで先に出勤し、妻がそのあとバスで出勤していたとする。ところが、そのバスが不便になったり廃止されてしまったりすると、妻は通勤手段を失う。

それでも働いて収入を得る必要があり、かつ勤務先が徒歩や自転車では通えない距離であれば、妻も通勤用にクルマを買わざるをえない（もともと運転免許は持っているとする）。この段階で、移動している人数は同じ、また免許保有率も同じだが、自動車交通需要が一挙に二倍になってしまう。現実に、全国的に路線バスの採算性が低下し、便数が減り、路線が縮小を続けている。ある典型的な世帯で起きる現象が、全国の多数の世帯でも同じように起きる。その積み重ねによって、自動車交通需要が大きく増える可能性は少なくないのである。

むしろ、若年人口の減少、総人口の減少にともなって道路混雑も緩和され、クルマの利用が便利になるにつれて、その分だけクルマに利用者が誘引されるという見方もある。「（道路の）混雑が緩和されるにつれ、徐々に電車の不快さから逃れたい人々の電車離れが進み、道路に回るというようなことが起こりそうだ。もちろん環境問題から見れば、電車の省エネぶりは重要なのであるが、自動車にもハイブリッド車の普及や、燃料電池車の開発などの可能性があって、公害源や温室効果ガスの排出源という汚名をそそぐチャンスとなる。そうなれば、自動車を使うことに対する抵抗が減り、東京も欧米大都市のように、自動車型社会になるのであろうか？　その可能性は少なくないように思う[19]」。

車の私的利用（マイカーとしての利用）については、その社会的・経済的な影響が大きいわりには、走行実態データなどに不明な点が多かった。統計で「自家用乗用車」となっている分類には、現実には業務での使用かどうかが判然としない分も含まれるためである。そこで、首都圏の世帯でアンケート調査を行い、純然たるマイカー利用を抽出し、一世帯あたり複数保有の実態や、家族構成と利用目的などもあわせて調査した例がある[20]。

それによると、①単数保有世帯の車の年間走行距離は一台あたり九四六三kmであるが、複数保有世帯の車の年間走行距離は一台あたり一万〇四一一kmであり、複数保有世帯の車のほうが、一台あたりの年間走行距離にして約一〇〇〇km長いこと、②二台以上の車を持つ家庭の車の走行距離の中心は、その世帯の若い男子によるレジャー目的での運転であること、等が分析された。報告の結論として、今後は商用・通勤通学の走行距離の比率は低下し、レジャー用の走行が増加するであろうとしている。

首都圏といっても公共交通が不便な地域では、世帯の各自が個別に自動車を保有する複数保有の増加が以前から指摘されている。さらに注目される結果として、その世帯全体で、一台しか保有していない時に、自動車による移動のニーズが年間一万kmであったとして、保有台数を二台に増やすと、一万kmを二台で分担（一台で五〇〇〇km）するのではなく、それぞれの自動車が一万kmあるいはそれより多く使用される。移動のニーズから自動車が所有されるという関係とともに、自動車が移動のニーズを生み出すという関係も指摘される。

◆市町村合併と交通

現在、自治体の合併が促進されているが、合併は交通のあり方にも大きなかかわりを持つ。いま単独の自治体として存在しているところは、農山村部であっても、住宅・商店・公共施設が集合してそれなりの中心部を有している。したがって合併すると、こうした中心部が複数存在する自治体が構成されるわけである。全国の都市の構造と、交通とのかかわりを分析した報告[21]によると、人口密集地が分散して存在する都市では、世帯あたりガソリン購入量が多くなっている（たとえば、人口がおおむね同じ青森市と水戸市を比較すると、水戸市のほうが住民一人あたりガソリン消費量が二倍以上となる）。

合併で結果的に多核都市が形成された場合、それぞれ公共交通が密に発達した自治体どうしが結合するならまだしも、双方あるいはいずれか一方がクルマ依存型の自治体であると、クルマ交通の増大により環境への負荷が増える。合併にともなう行政業務の集約を適切に考えないと、利用者（住民）からみて、それまで自転車で行っていた市町村役場が遠くなつてクルマを使わざるをえなくなったり、クルマを利用できない住民は行政サービスを受けられないといった影響も起こりうる。合併そのものの是非は本書で論じないとしても、合併には交通問題も大きな検討課題として伴うことを認識する必要があり、交通のあり方を考えずに合併を行うと、環境への負荷を増加させる原因になる。同様に大都市で、仙台市を例に、副都心を設けて人口を分散配置した条件でシミュレーションすると、自動車トリップが増え環境負荷（このケースではCO_2で評価）も増えるという報告[22]もある。

●税・財源・制度をめぐる議論

◆道路とお金の流れ

前述のように、高速道路は国内の道路ネットワークのうちごく特殊な部分であり、その他の大部分は「無料」である。一方で、どのような道路でも建設・維持の費用は必要であり、無料だからといって費用が不要というわけではないのはもちろんである。大別すると、通行料金収入による独立採算制を原則とする高速（有料）道路と、「税金」で作られる一般道に分かれる。ただし前者は、制度としては独立採算であるものの建設費に対して収入が全く不足しているために、財政投融資そのほか借入金の比率が高く、累積債務を生じている。ここでは日本の道路システム全体として、どのような財源が投入されて、どのような用途に支出されているのか概略として見てみる。

二〇〇二年度の予算の数字から、全体の枠組みを図1—8に示す[23]。一般道の建設・維持費は、自動車関係の諸税を通じて特定財源で賄われているとの主張もあるが、日本の道路システム全体の財源の流れでみると、特定財源の比率は多くない。特定財源の中で「地方」とあるのは、ガソリン税など特定財源として徴収された分が、一定の割合で地方自治体に譲与される分である。そのほかに、高速道路の財源となる財政投融資・債権・民間借入金があり、一般道には一般財源も投入されている。

使途の側では、四公団の比率が大きいことが特徴である。前述のように道路延長で一パーセントに満たず、交通量でみても八パーセントほどの四公団関係の道路に対して、道路投資の四割以上が投入されている。高速道路は、一般道路よりも高規格であるために、キロメートルあたりの建設単

図1—8　道路の財源と使途

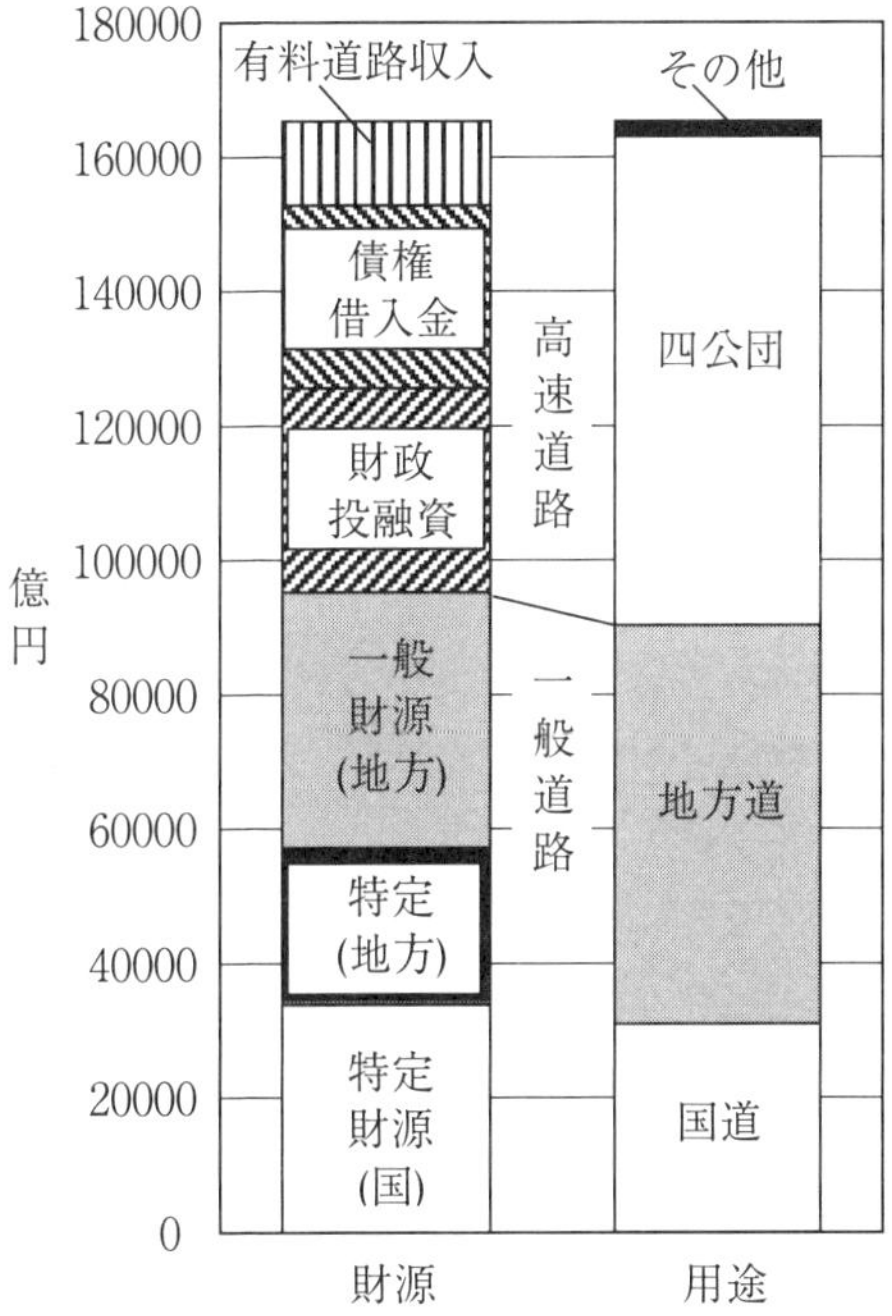

価は高い。地形に逆らって可能なかぎり最短距離でルートを決めるので、費用のかさむ橋梁やトンネルが多くなる。全国平均でみると、高速道路では、路線延長のうち橋梁が一八パーセント、トンネルが一二パーセントである。

一般道路ではこの比率が、主要国道でもそれぞれ三パーセント前後、市町村道になると一パーセント以下であるから、高速道路のキロメートルあたりの建設単価が増えるのは当然であるが、それにしても、一般道への配分に比べると、高速道路への財源投入が偏在していると言わざるをえない。四公団民営化にかかわる議論では、高速道路の建設費を特定財源から支出すべきという提案もあるが、高速道路の現状の投資額を維持したままでは、かりに一般道への支出を全くやめて特定財源のすべてを高速道路に回しても、まだ足りないほどの支出額に達している。したがって、高速道路の建設ペースをよほど落とさないかぎり、借入金の必要性は不可避である。

なお道路投資は、自動車交通のニーズに対応するとか、過疎地の人々の交通を保証するといった本来の交通政策としての側面のほかに、その是非はともかくとして景気対策・雇用対策の側面もある。景気の後退局面（一九七〇年代の高度成長の終焉、一九九〇年代のバブル崩壊）になると、主に補正予算として一般財源からの支出により景気対策・雇用対策のための道路建設を増やし、逆に好況になると一般財源からの支出は減少する。道路投資の内訳を年次を追ってくわしくみると「オーバーフロー」という現象がおきている時期もある。これは予算に対して執行できずに余りが生じた現象であり、その増減が景気の波と逆の動きを示していることからも、景気対策・雇用対策の性質を示している。

◆自動車関係の税金は高いか

多くの自動車利用者は、自動車関係の税金が高いと考えている。たとえばガソリン税は、道路の整備に用途を限定して使われているにもかかわらず、いっこうに渋滞が解消されている実感がない。しかも、渋滞のために燃費が悪くなってガソリンを余計に使わざるをえないから、ますますガソリン税を払うことになるではないか、という不満が聞かれる。しかし、その不満は道路交通のしくみをよく理解していないために生ずるものではないだろうか。「税金は安いに越したことはない」という情緒的な議論では評価の基準にならない。たとえば二〇〇三年の東京モーターショーの一環として、「クルマの税金をもっと下げるべきである」という趣旨のシンポジウム[24]が行われた。そこでの議論から一部を紹介する。

［林］自動車の税金九種類のうち六種類、税収で約六兆円は、道路特定財源として、だいたい道路のために使われると決められています。しかし、信じがたいようなところにも使われるようになってきています。一番自動車と関係が薄いところでは、地下鉄整備や本四公団の債務処理にも今度、回ることになりました。有料道路の赤字補てんにも使われるようになっています。新橋から出ている新交通システム「ゆりかもめ」のレール、けた、駅舎の整備にも、お金が回っています。駅近くの駐輪場の整備に使われることもあります。車のユーザーも払いたくて払

っている訳ではないのに、ほかへ持っていくなら、本来なら税を下げるべきである。

［御堀］暫定税率で集めた税金が余っているということに、そもそもずれがあるんですね。駐輪場やゆりかもめの例が出ましたが、どんな理由で使われているんですか。

［林］例えば、ゆりかもめや地下鉄にたくさんの人が乗れば、道路の渋滞緩和に役立つという理屈です。

［片山］すごいへ理屈ですね。

たしかに自動車関係の税には多くの種類があり、簡素化のキャンペーンが繰り返し行われている[25]。揮発油税が一九四九年に創設されて一九五四年に特定財源化、石油ガス税が一九六六年に創設（ただし二分の一を「石油ガス譲与税」として地方に譲与）、自動車重量税が一九七一年に創設（ただし四分の一を「自動車重量譲与税」として地方に譲与）、また地方税として、地方道路譲与税（地方道路税の全額が転用される）が一九五五年に創設、軽油引取税が一九五六年に創設、自動車取得税が一九六八年に創設、といったように、道路建設のための目的税が次々に創設された経緯がある。

また最近注目されているのは「暫定税率」である。これは、道路整備の財源確保のために設けられた制度であり、特定財源のうち、たとえば揮発油税については、本来はガソリン一リットルあたり二四・三円（本則税率）のところ、暫定税率として四八・六円の課税、すなわち二倍の暫定税率が設定されている。同様に自動車重量税に対して二・五倍、地方道路譲与税に対して一・二倍、軽油引取税に対して二・一倍、自動車取得税に対して一・七倍などとなっている。暫定と言いながら財源確保のために五年ごとに同率で更新されてきた。国土交通省は、必要な事業量に合わせて暫定税率を設定しているとして、次のように説明している。

「税率（自動車利用者の負担の規模）についての考え方は次のとおりである。制度の趣旨からして、道路特定財源諸税による負担の規模は、必要な道路整備費を踏まえたものでなければならない。このため、道路整備五箇年計画において五箇年間での道路整備の目標および事業量を定め、そこで定められた事業量を達成するために必要なレベルで道路特定財源諸税の税率を設定しているところである[26]」

もし自動車利用者が、税率引き下げの要求に説得力を持たせたいなら、自動車の利用をできるだけ少なくすることによって、道路整備の必要性を減らすことが必要である。もし現在の自動車の使い方を変えずに、一方で渋滞解消（道路交通サービスの向上）を求めるなら、道路行政の側としては、現在のしくみで道路整備を続けるしかない。そして局部的にも渋滞が解消されれば、それに応じて再び周辺から道路交通が集まってくる。この鶏と卵の関係を止めるには、自動車交通量を減らすしかない。ＪＡＦその他の自動車団体が、自動車関係諸税の低減のキャンペーンを展開するなら、まず自動車（特に乗用車）の利用自粛をテーマとすべきであろう。

シンポジウムでの発言にみられるように、もし大多数の自動車ユーザーが、本四公団の債務処理や、有料道路の赤字補塡さえも「自動車と関係が薄い」と認識し、また道路交通の負荷を軽減して渋滞を解消するための新交通システムや駐輪場さえ「へ理屈」としか評価しないようなら、行政側としても、自動車ユーザーのために苦労して道路や関連施設を整備する意義は見出せないだろう。自動車利用者は常に不満を抱き、それが観念的な官僚批判と結びついて、プラスの評価を永久に受けないからである。極論すれば、安全施設の整備や道路の保守、積雪・寒冷地対策を除いて、道路整備をすべてやめてしまっても、国民の評価は大差ないだろう。

本来、道路整備による渋滞解消という観点を重視するなら、必要性が高いのは都市部である。ところが都市部では用地の取得すら容易ではなく、局部的な整備にも多くの費用と時間がかかる。これに対して、建設が比較的容易な農山村部では、もともと渋滞がみられないか、あったとしても程度が軽く、道路整備の必要性は低い。つまり、自動車の通行量が多いところほど道路が作りにくく、逆に交通量が少ないところほど道路を作りやすいという矛盾した関係がある。道路を作りやすい地域でいくら道路予算を使っていても、渋滞の改善という面では国全体としてほとんど効果がないのである。

◆海外との比較

自動車関係の諸税が、海外と比較して高すぎるという指摘もよく見受ける。[27] しかし高い・安いの評価は、どのような数量あるいはサービスに対しての費用なのか明確にして論じる必要がある。図1―9は、日本のカローラクラス（いわゆる大衆車）について、各国の主要都市でそれを保有し、

図１―９　自動車諸税の海外との比較

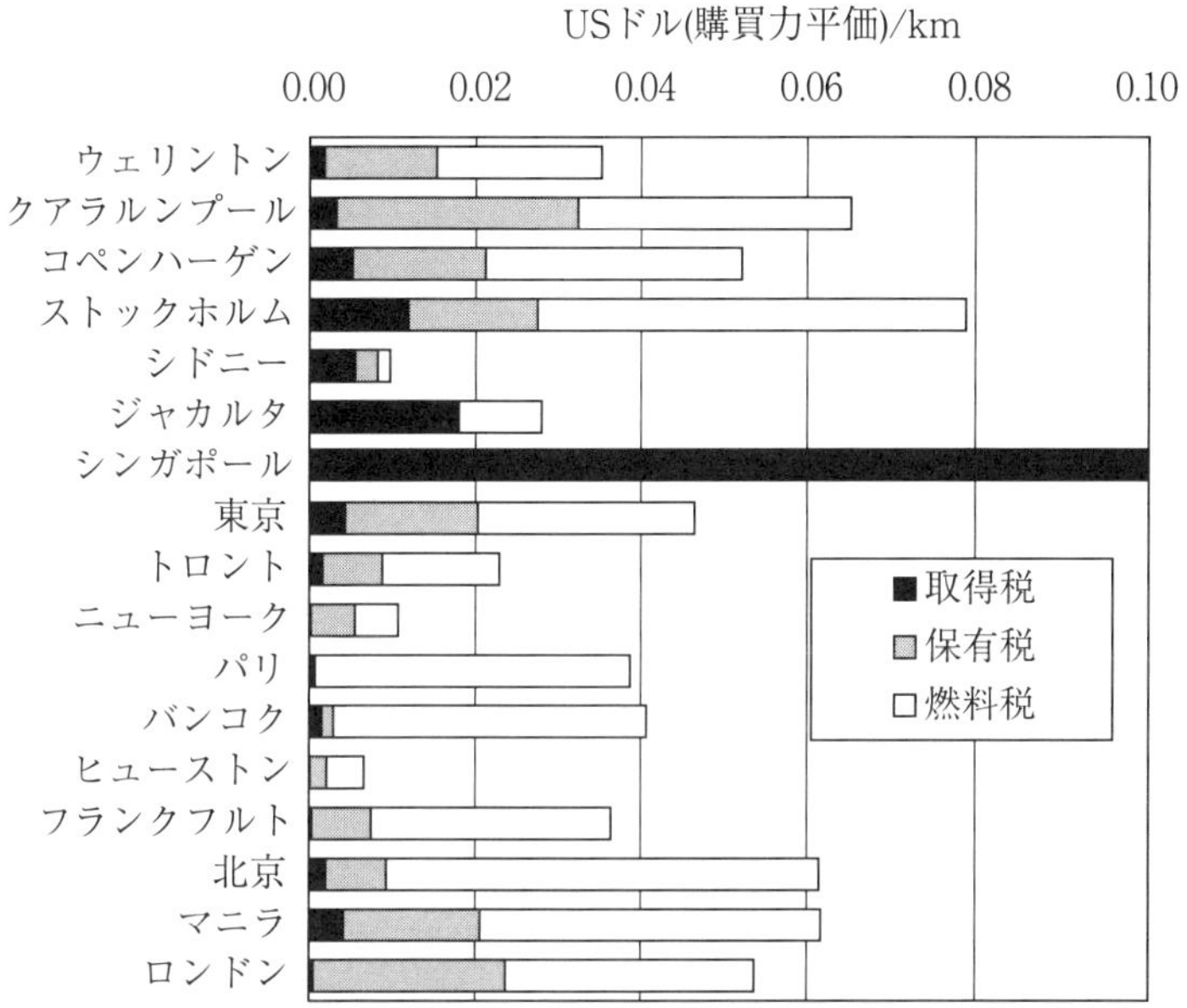

平均的な使い方をした場合、自動車の取得段階・保有段階・使用段階に、自動車の走行一kmあたりの費用を、購買力平価[28]で比較したデータである[29]。

自動車は、車庫に置いてあるだけでは趣味的観点以外には意味がなく、それを使ってはじめて便益が生じるのであるから、基本的に走行kmあたりで比較することが最も妥当であろう。各国で税制が異なるので厳密には比較できないが、取得段階は日本でいう自動車取得税、保有段階には自動車税・自動車重量税、使用段階には燃料関係の課税（ガソリン税）が相当する。

取得段階と保有段階の税につ

いては、自動車一台あたりで定額だから、「乗れば乗るほど割安」に計算されるという関係がある。これに対して使用段階（燃料税）については、燃費による差異はあるが、およそ走行距離に比例して課税される。

この報告では、各段階での税率が環境負荷に及ぼす分析も行っているが、取得段階と保有段階の税金は環境負荷との間に明確な関係がなく、その一方で環境負荷の低減には、使用段階の課税が影響を与える（運転を控えたり、燃費の良いクルマに買い換えたりするため）とされている。

自動車の取得に対して制限的な重課税を実施しているシンガポールは例外としても、全体として走行キロメートルあたりでみると、日本の自動車関係の諸税は高くない。特に議論の対象とされるガソリン税については、現行で割増されている暫定税率でさえも国際比較として大差ない。常に繰り返される「日本のクルマ関係の税金は高すぎる」というキャンペーンは、「一般論として、税金は安いに越したことはない」という意味に過ぎないように思われる。

自動車ユーザーは、みずからが自動車を利用することが、ますます自動車関係の税収を多く必要とさせる関係に気づくべきである。暫定税率を廃止して本則税率に戻したら、先進国の中で最も安い部類に属することになる。そうなれば、ますます自動車の利用が促進されるから、さらに道路整備が必要となるにもかかわらず、逆に燃料関係の税収が減り、まったく矛盾した関係に陥る。

自動車関係の税負担を軽減させたいのなら、できるだけ自動車に依存しない交通体系を構築するように協力することが、最も合理的な選択である。これは、交通事故の防止や、環境対策としても望ましい。

●道路整備の目的を見直す

◆東名高速道路の横顔

道路容量が不足しているという主張がいたるところでなされている。東名高速道路もその典型であり、第二東名高速道が必要だといわれる。しかし、どの区間に、どのような自動車が通行しているかを分析すれば、第二東名が必要という短絡的な結論は導かれない。図1—10は、現在の東名高速の起点から終点まで、通行車種（バスの比率は微小なので除く）の分布と車線数を、横断的に示したものである。つまり東名高速道路の「横顔」である。この図をみると通行台数がピークとなるのは東京〜厚木（神奈川県）の間であり、しかもその半分以上が乗用車である。もう一つのピークが春日井（愛知県）付近にある。

一方で車線数に注目すると、御殿場付近で、地形に起因する渋滞の解消のために七車線化した特殊な区間は別として、全線を通じて通行台数と車線数を見比べればわかるように、車線数に応じて通行台数が飽和している関係が読み取れるであろう。第二東名・第二名神は、現東名と同じ地点間をおおむね並行ルートで通るから、車線数の増加と同じ意味であり、自動車交通量のさらなる増加をひき起こす。高速道路を通行する自動車は、インターチェンジに忽然と出現するのではない。インターチェンジ周辺の地域から湧き出してくるのである。すなわち、高速道路の自動車通行量が増加するということは、生活道路も含んだ一般道路の自動車交通量が増加することを意味し、その影響は都市内でこそ深刻になる。

第二東名の建設よりも、首都圏周辺での乗用車による交通負荷を減らすことができれば、現東名の交通負荷はかなり楽になる。ピークのある東京～厚木間は首都圏であり、公共交通機関を活用することによって、乗用車の通行を制限すべきであろう。

そもそも、乗用車とトラックが混在して高速道路を利用する現行のシステムを改革する必要がある。トラックドライバーの日常の体験によると、夜間など通行車両の大部分がトラックになるとむしろ安心して運転できるという。プロのドライバーの間には暗黙のルールや慣習があって、予想外の動きをする車両が少ないからである。ところが昼間や休日に乗用車が混在してくると、不慣れなドライバーによりルールを無視する車両が増加し危険度が増す。旅客の移動は公共交通に代替することができるが、貨物の公共交通への代替はむずかしい。したがって、安全性の面からも、車種ごとの通行規制によって高速道路はまず物流優先とし、余裕がある限りにおいて乗用車の通行を認めるようにすべきである。

一連の民営化の議論の中で、第二東名の橋脚が先行して立てられた富士山麓の区間がマスコミによってたびたび報道された。この区間は、皮肉にも現東名全線の中で通行台数が最も少ない区間であるが、それは考えてみれば当然である。建設工事を先行しやすい理由は住民がほとんど住んでいないからであるが、それゆえに、人や物資の流動の谷間（通過車両のみ）になるからである。交通

図1―10　東名高速道の車線と交通量

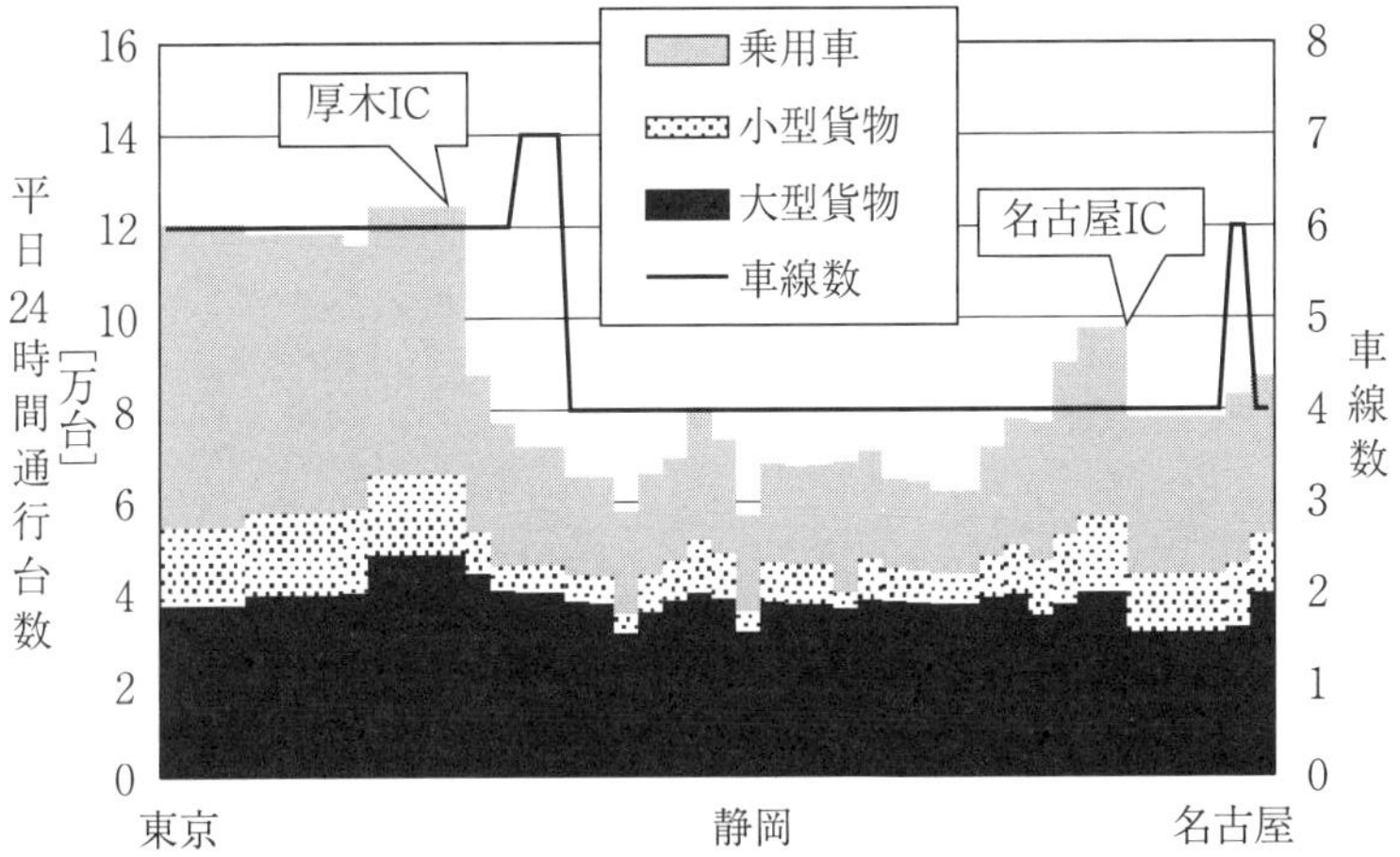

需要が少ないところほど道路を作りやすく、逆に交通需要が多いところほど道路を作りにくい。高速道路を含め、すべての道路に共通の性質である。

◆ボトルネック対策

広域にわたる道路の整備のほかに、特定の渋滞ポイント等に対して、立体交差などの対策を施す「ボトルネック対策」もある。たとえば東京の環状八号線の井荻地区(東京都杉並区)では、西武新宿線および早稲田通り、新青梅街道、千川通りと平面交差していたが、一九九七年に、これら四路線と立体交差する延長一二六〇mのトンネルが供用された。国土交通省の道路整備効果事例集[30]によると、ほんらい環状八号線を通過すべき交通が周辺の生活道路に進入していたが、トンネルの開通によってそれが環状八号線に戻ったと推定している。ただし、開通前後における生活道路の交通量の変化を直接に測定した結果は示されておらず、周辺の西武新宿線の踏切を通過する自動車台数が減ったことなどから、間接的に効果を推定している。

これに対して、ボトルネック対策は局部的に交通の円滑化に寄与するものの、誘発等による交通量の増加により必ずしも沿道環境の改善に結びつかないとの見方があることから、日本自動車工業会交通環境部会では、この井荻地区の事例に対して、事業完成前後における交通量や大気汚染物質の排出量削減効果を検討している。[31] 事業後において、道路交通センサスの調査から、環状八号線および周辺道路とも、走行速度は向上している。一方、この区間における環状八号線の交通量は、事業後に二・七倍に増加している。また周辺道路も含めての交通量が二二パーセント増加している。

大気汚染物質についてみると、環状八号線自体では、交通量の増加と、走行の円滑化の差し引きで増加しているものの、周辺道路での交通量減少と、走行の円滑化により、周辺地域を合わせた全体では、NO_xで八・六パーセントの削減、ＰＭ（粒子状物質）で二・五パーセントの削減がみられたとしている。この結果をみると、この地域では一定の改善効果があったと評価できるものの、環状八号線の交通量が二・七倍に増加したという点をどう評価するかが問題となるだろう。この交通量は、当該の区間のみに降って湧いたわけではなく、環状八号線に接続するさまざまな地域から集まってきたものである。それまで渋滞のためにクルマの使用を控えていた周辺の住民が、交通が円滑になったことを知って、それまで車庫に眠っていたクルマを使い出した可能性も多い。また、この区間の渋滞は緩和されたとしても、渋滞ポイントが他に移ったにすぎないという可能性もある。このためNO_xとＰＭについても、この地域では減ったが、首都圏全体で減ったかどうかは検証されていない。ボトルネック対策の評価は、こうした点にも注意が必要である。

◆都市環状道路の意味

都市環状道路、たとえば首都圏なら外かく環状線や圏央道の必要性を主張する議論は多い。しかしそれらの多くには誤解や歪曲が含まれている。そもそも都市環状道路とは、都市内に用のない通過交通が流入しないように、郊外部を迂回させることが目的である。したがって環状道路を建設するに適した地域は、住民もまばらにしか住んでいない田園地帯なので用地代も安く、環境対策も比較的軽微で済むというのが、本来の環状道路のあり方なのである。しかし首都圏は、まったくそれに該当せず、逆の状況を呈している。典型的な環状道路促進説として、四方洋氏の文章を引用してみよう[32]。

「現場を視察した扇国土交通大臣［註・当時］は『必要性は認めるが、お金がかかるわねぇ』といったときく。しかし効果もお金にすると大きい。東京圏の渋滞による時間損失は年間三・二兆円に及んでいるといわれる。これがどの程度解消されるかわからないが、一〇％としても三二〇〇億円、五年間で元がとれると考えれば考え方が変わるし、約二割といわれる通過交通が外に分散して、渋滞が減り、排ガスの量、交通事故、ドライバーのイライラが減れば、この効果はさらに大きい。環境改善、これを金額に換えるとどうなるのか、時間効果以上かもしれない」

「外かん道路のコスト高は、地価の高い大都市圏を走るからだが、それ以上に環境対策を手厚くするからである」。

首都圏で計画されている環状道路は三〇年以上も前に計画され、当時は郊外部・田園部であったと思われる場所も、いまや市街地になっている。このため、もし建設するとすれば「都市中心部の環境を改善するために、郊外部の住民を犠牲にするのか」（逆に建設しないとすれば、その逆）という判断を求められることになり、そもそも交通計画として解決不可能な矛盾を抱えた議論となって、双方が納得する結論を得る展望はありえない。四方氏が述べるように「地価が高く、手厚い環境対策が必要」というのであれば、それこそが環状道路の建設に適さない要因を示しており、まず環状道路以外の対策から着手する必要があることを示している。

渋滞や環境をおどし文句にして「はじめに計画ありき」の道路建設を推進しようとする議論は少なくない。しかし「渋滞による時間損失が何千億円」といった言い回しには十分に注意する必要がある。ある仮定にもとづいて計算すると、計算そのものは可能である。しかし、環状道路を建設すれば問題が解消されるのどうかについては検証されているのだろうか。単に「そうあってほしい」という期待にすぎないのではないか。開通後、短期的には渋滞解消効果があるかもしれないが、やがてより多くの自動車交通を呼び寄せ、逆に環境負荷を増大させる可能性も大きい。因果関係のない数字を並列して述べることによって、根拠のない期待を生じさせる議論や宣伝には十分注意する必要がある。

図1—11　外環道の開通と周辺道路の交通量

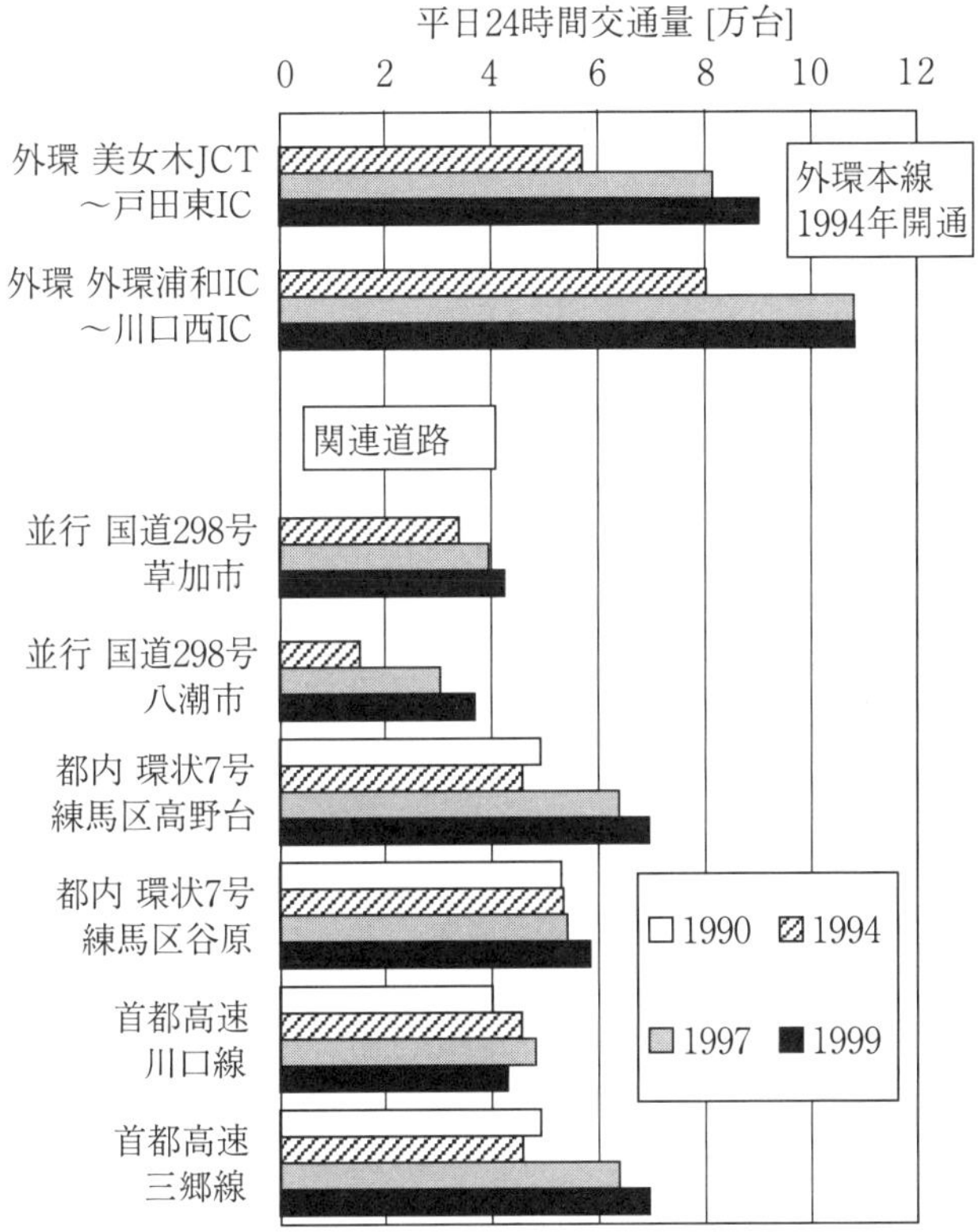

事例として、首都圏の外かく環状線（外環道）の交通量の推移を検討してみよう。[33] 首都圏の環状道路ネットワークの一環として、都心から半径一七〜一八kmの位置に外環道が部分的に供用されている。このうち和光インター〜三郷ジャンクションが一九九二年に、大泉ジャンクション〜和光インターが一九九四年に開通している。これに関連して、周辺道路の交通量はどのように変化しているか、いくつかの地点の交通量（平日二四時間値）を図1—11に示す。図の上部の二カ所は外環道本線であり、一九九四年以降、交通量が伸びている。一九九〇年代にはすでにバブル経済も崩壊し、むしろ経済全体の低迷が始まっているが、全国的にみても交通量が依然として伸びていることから考えて、これは当然であろう。

同時に、関連する道路の交通量も図に示してある。国道二九八号線は、外環道とほとんど重複した経路を通る一般道である。いくつかの地点をみると交通量が増加しており、外環道に交通量が移転したことによって、一般道の交通負荷が軽減されたとは言えない。八瀬市内では交通量が二倍以上に増加している。また環状七号線は、外環道の内側を通る環状道路であるが、この交通量も増加している。さらに、都心から外環道に向かって放射状に伸びる首都高速の各線も、交通量が増加している。これは、外環道の利便性向上にともなって交通量が周囲から誘引されたと考えるのが自然であろう。

関連道路を通行する自動車交通は、その周辺地域から湧き出してくるか、あるいは他の地域から集まってきたものである。外環道を整備したことによって、関連道路の交通負荷が軽減されるどころか、ますます周辺から交通量を誘引しているのである。

◆第二東名と外環道・圏央道

環状道路が都区内の渋滞緩和を目的とするという説明そのものが、もともと虚偽である疑いもある。武田文夫氏（元東京大学教授・交通政策）は、第二東名・第二名神の建設に関連して、都市環状道路をその受け皿として位置づけるとして、次のように述べている[34]。

「両端の二大都市圏が複線化［註・第二東名、第二名神のこと］によって増大した流入交通量をうまく受け入れられなければ、せっかくの大プロジェクトの効果が半減すると危惧される。情報不足のための誤りはご寛恕を願うとして、それについて私見を述べてみたい。確かに大都市圏での新しい幹線道路建設は困難な事業である。しかし方法はあると思う。まず首都圏については、西側から海老名までの路線が決定し、その先の横浜、東京側が問題であり未決定だ。したがってタイミング的には暫定的な交通導入方法が講じられる必要があろう。それはまず海老名で第二東名と交差する圏央道（事業中）を使って西から流入する交通を分散させることである」

武田氏の議論では、首都圏の環状道路はもちろんのこと、第二東名・第二名神に関しても本末転倒の目的を述べている。第二東名・第二名神は、災害時の代替路などの期待もあるが、基本的に現東名・現名神の交通負荷の緩和が主目的であろう。ところが武田氏によると、第二東名・第二名神の開通によって、さらに東京・大阪に大量の自動車交通が流入するとしている。このように、統一された交通政策がなく、それぞれの論者が勝手な思惑で環状道路の建設を促進しているのでは、環状道路の効果として宣伝されているところの、都市内部の環境の改善、生活道路からの通過交通の排除といった効果も期待できない。

◆日本中が渋滞なのか

前述のように、道路整備が交通量の増加に追いついていないことは一方の事実である。しかし、全国いたる所で、常に「渋滞」が発生しているのだろうか。図1—12に、全国的な統計[35]から、平日・休日別に「混雑度」を示す。全国のほとんどの道路では、混雑度が一・〇以内に収まっている。「混雑度」というのは、道路が持つ容量（自動車交通を流せる能力）に対する、実際の交通量の比率である。実際の計算は多くの係数の組み合わせで行われるが、おおまかに言って、混雑度が一・〇までは、各々の自動車が、他の自動車の影響を受けずに、交差点や信号は別として自由に走行できる状態である。この混雑度が一・〇を超えると、しだいに前の自動車と接近して減速・停止を強いられる状態になり、一・五〜二・〇あたりになると激しい渋滞となる。

すなわち、全国を平均すると道路の容量は足りている一方で、渋滞がいっこうに改善されないと批判されるのは、地域的・時間的な集中の問題である。あるシミュレーションによると、ピーク時

図1—12　道路種別と混雑度

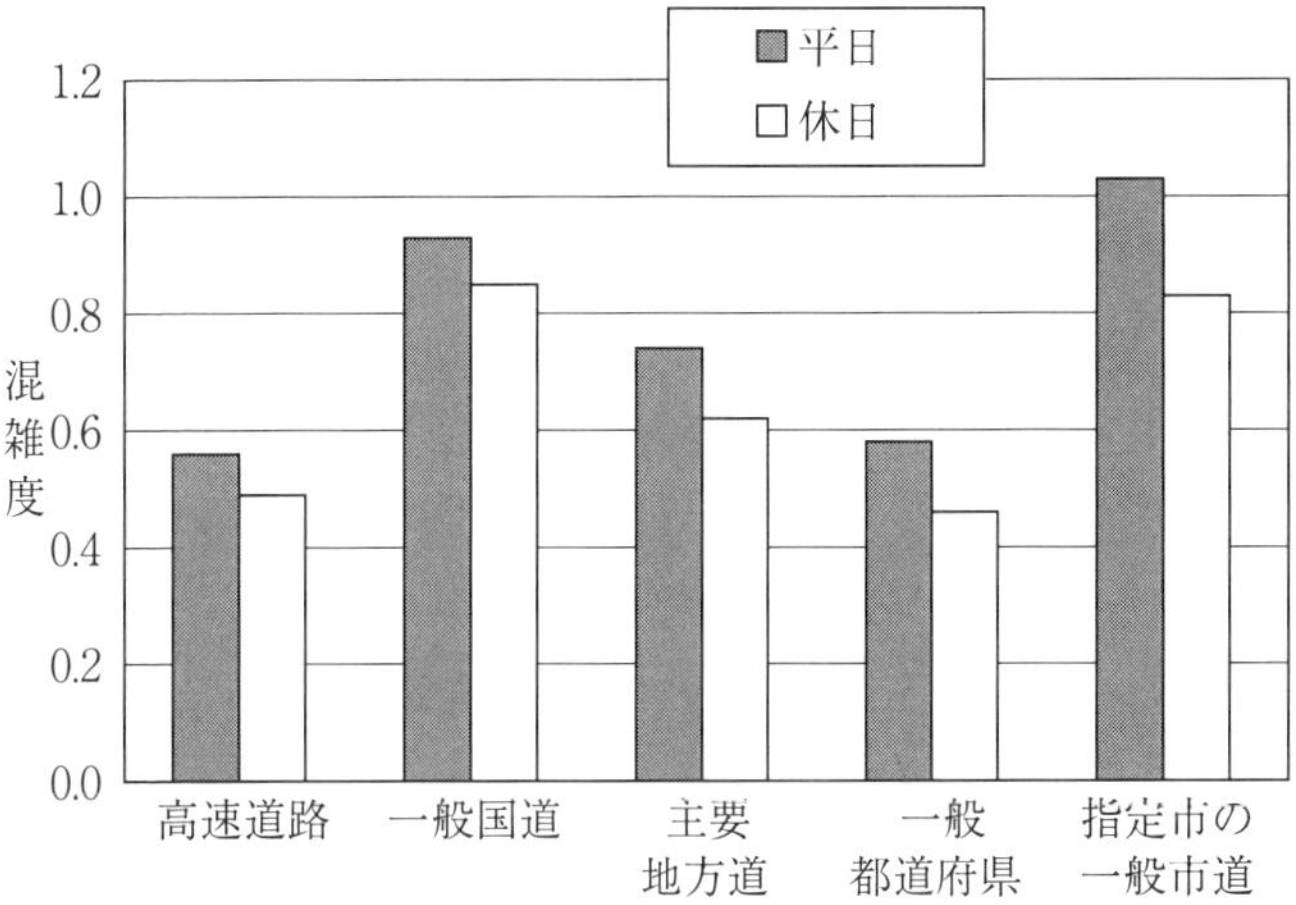

の交通量の一部を分散させるだけで、渋滞が解消してしまうという結果が得られている。首都高速道路のあるジャンクションで、いつも朝六時から一〇時ころまで一〇km前後の渋滞が生じているが、この間の交通量の二三%について、平均で前後に一六分ずらすという条件でシミュレーションすると、それだけで渋滞が全く解消されるという。[36]

一方で、各々の自動車利用者の情報の不足で、道路の容量が有効に利用されていない現象もみられる。運転者に対する情報提供は、伝統的なラジオの交通情報にはじまり、最近は電子的手段が普及しつつあるが、むしろ問題は、受け取った情報の認識の仕方である。[37]ある二地点間を結ぶ二つの道路があった場合、運転者がどういう理由でその経路を選んでいるかを、実際の運転者を対象に調査してみると、経路一を選んでいる運転者は「経路一（自分が選んでいるほう）が速いから」と答え、経路二では経路二のほうが速いからと答えた。ところが客観的に測定してみると経路一と二の所要時間はほとんど同じであったという。

逆に、二地点間にほとんど同じ容量の道路があっても、片方がいつも混んでいて、もう片方はいつも空いているという現象も起こりうる。これは、たまたまある条件のもとで、いつも混んだ道路を使っている運転者が、もう片方よりも早く着けると思い込んでおり、その数のほうがもう片方の道路をいつも使っている運転者よりも多いという状態で、交通量の分配が固定しているにすぎない。この状態を解消する試みとして、混んでいる道路の側で意図的に道路容量を減少させて、多くの人がもう片方へ移らざるをえない状態を一時的に作り出すと、それ以降、両方の経路の交通量が接近してくる可能性があるという。このように、人々がある行動を決める基準は、単にそのように思い込んでいるからにすぎないという現象がいたるところでみられる。

この思い込みは別の側面にもあらわれる。いつも高速道路を利用して自動車で通勤している運転者に対して、もし「自動車でなく鉄道を利用したら、どのくらい時間がかかると思うか」と質問したところ、ほとんどの人が、鉄道を利用した場合に実際にかかるよりも、多くの時間がかかると思い込んでいることがわかった。また別の調査で、ある行楽地で、自動車で来た人と、それ以外の手段で来た人に対して、「交通事故に遭遇するリスクはどのくらいと思うか」「自動車の一日あたりの平均の維持費はいくらと思うか」と質問したところ、自動車で来た人は、それ以外の手段で来た人に比べて、交通事故のリスクをより低く、また維持費をより低く認識していることがわかった。すなわち、自分が選択した手段が有利であると思い込んでいるわけである。渋滞の解消には、道路整備（道路容量の増加）が必要であると短絡的に判断することなく、多様な検討が必要であることが示唆される。

◆多様な検討の必要性

情報公開手続きによって取得された、ある報告書[38]を紹介したい。この検討は、まだバブル経済の余波が残っていた時期のものであるが、四つの条件（現状での推移ケースと、三つの開発シナリオ）を設定して、東京の各地域（五〇〇メートルごとのメッシュ）における大気汚染（ここではNO_2で評価）がどのように推移するかを検討したものである。この種の検討では、まず将来の交通量を予測した上で、さらにその交通量によってもたらされる環境影響を予測するという手順になる。

①　基本シナリオ―東京湾臨海部開発が行われないケース。
②　湾岸集中シナリオ―基本シナリオに対して、東京湾臨海部（一都三県）の開発に伴う新規発生交通量を加えたケース。
③　東京集中シナリオ―基本シナリオの東京都特別区部の発生集中交通量の増加分をいったんゼロとした上で、別の研究による東京一極集中によるオフィス集中の条件を適用したもの。
④　多極分散シナリオ―③と同じく、別の研究による多極分散シナリオの条件を適用したもの、

シミュレーションの結果、自動車本体の排気ガス規制の強化が予定どおり進展することを前提としても、①以外のすべてのケースにおいて、大気汚染物質が増加し、当時すでにNO_2の環境基準を満たしていないメッシュにおいて、さらに大気汚染が増加するという結果が得られている。さらに重要な結果として、シナリオの①と②以外では、東京都心部において若干の排出量の減少が見られる一方で、郊外地域で濃度の上昇が見られる。これは、東京湾岸道路の神奈川への延伸、東京湾横断道路、外環道の供用によって、近郊地域の大気汚染は逆に増加するためである。すなわち道路建設にともなって、郊外部への汚染の「漏れ出し」が生じるのである。

現時点でこのシミュレーションを振り返ってみると、バブル崩壊によって湾岸地域の開発が頓挫した一方で、都市再開発によって、都心部にあらたに交通需要の発生要素が出現している。ここで検討すべきこととして、都心のビルやマンションというと、人の動きだけのように思われるが、実際には、人が仕事をしたり居住したりするところ必ず物流が発生するという側面がある。大気汚染の多くの部分は貨物車（ディーゼル車）による物流によって発生する。

また最近は、環境や安全に配慮するとの趣旨から、大型車による商品配送を規制し、小型車による配送を指定する等の動きが強まっている。一見すると良い対策のように思われるが、実はその影響で、これまで大型車一台で済んでいたところを小型車三台以上に分散するといった影響があらわれている。これは、かえって道路交通の負荷を増加させ、渋滞を招き、大気汚染や燃費にむしろ悪い影響を与える結果を招く。

都心のビルやマンションにかかわる交通需要は、むしろ人の問題というよりも物流の問題である。

少なくとも食べるものは、現物を現地に届けなければならず、電子的に情報を送って代替できるものではない。すなわち都心の貨物交通需要が増加するのである。環状道路は、都心部の交通負荷の緩和を名目として計画されている。その一方で、都心の交通、しかも環境負荷の大きい物流を増加させる政策が並行して行われている。このような整合性を欠く都市政策のもとで、特定の条件のみで試算された環状道路を金科玉条にして建設することは、ますます首都圏の環境問題の改善を困難にするであろう。

この報告書には、調査の発注側である環境庁（当時）のメモが添付されていて、「この他の建設省で作成した将来のOD表［注・各地域間に発生する自動車交通量の表］がある。これはかなり厳しく管理されているデータである。しかしながら今回の調査では予測結果の妥当性をみるために参考にはしたが、予測そのものには使用していない。またその様なものがあることも発表されては困る」とある。建設省では、一九五四年から一二次にわたる道路整備五箇年計画の策定を行っているのだから、そのつど「将来OD表」の作成が不可欠であることは、交通工学の専門家ならいうまでもなく、大学の土木工学系の学部学生でも周知の事実である。

将来OD表が存在すること自体が秘密であるという行政側の姿勢はまったく無意味である。このように、基本的な情報を議論の対象にすることさえ拒むという姿勢が、道路事業に対する市民の不信感を増大させてきたのである。

あえて好意的に解釈すれば、環状道路の促進論者には悪意はなく、都市環状道路ができることによって「こうなってほしい」という素朴な期待を述べているだけかもしれない。そうだとしても、環状道路によって本当にどれだけプラス面、マイナス面があるのか、定量的なシミュレーションにもとづかない情緒的な期待だけで計画を評価することは、地域にとって取り返しのつかない悪影響をもたらす。どのような施策でも、プラス面だけがあってマイナス面が全くないというような施策は存在しない。戦略的な分析によって都市環状道路の要否を良心的に検討するならば、決して「まず環状道路ありき」の結論は導かれないはずである。

たとえば前述の四方氏は、「環状道路の整備が、大都市の車の流れをスムーズにし、渋滞を減らし、排ガスの量を抑え、空気を現状よりはきれいにする。この方向は世界の大都市に共通している。日本はこの方向を大胆に進めることにしゅん巡し、一歩遅れている」[39]という。しかし海外こそ、道路建設による交通対策の限界を認識して、自動車交通量の抑制対策に主力を移す傾向がますます強まっている。選択肢を「道路」に固定している日本こそ、世界の流れから遅れている。次のような事例[40]は、なぜか日本ではあまり紹介されないが、海外に学ぶべき事例の一つであろう。

「ベルギーのハッセルト市は、住民の人口は六万八〇〇〇人であるが、その他に二〇万人の通勤者が毎日出入りしている。債務の増加と交通渋滞に悩んだハッセルト市長は、街の外周に建設する予定だった三番目の環状道路の計画を取りやめ、代わりにいま二つある環状道路のうち一つを閉鎖し、そこに木を植え、歩道と自転車道を拡張し、バスの運転回数とサービスを向上させ、やがて公共交通を無料にする予定であると宣言した。一年後、公共交通の利用者が八〇〇％増加した。商店主たちは売上が増加して喜び、交通事故と、事故の被害者が減少したため、街が活性化された。バスが無料になったのと同じ日に地方税が減額された。同市の住民が支払っている税金は、一〇年前よりも少なくなった。住民が増加して税収が増えたので、税を減額することができたのである。この施策が採用されたもう一つの理由は、道路建設のための起債が難しくなっていたためである。無料バスは、道路建設よりも安くつく代案であり、成功した（CNN報道・二〇〇〇年）」

◆地域にメリットはあるか

高速道路、特に都市高速道路が建設・供用されることは、地域にとってメリットがあるだろうか。前出の四方氏は、外環の建設と地域のメリットについて、次のように述べている。

「反対を説得するには、ハイウェイがくることによって、これまでより空間がふえる。緑地もふえる。駐車場もふえる。浸水はなくなる。より便利に、より快適になることを示す必要があった。これが都市における道路の建設手法である[41]」

空間や緑地が増えるという文言は、道路からの大気汚染や騒音を軽減するための緩衝帯を意味すると思われるが、詭弁である。もともと存在していた自然の地面を加工して道路を建設し、その周囲にまた人工的に植樹を行うことが、緑地の増加に相当するのであろうか。公園が整備されることもあるだろうが、もしその地域に、もともと「単なる空き地」や手つかずの雑木林があったとすれば、それらを撤去して人工的な公園や駐車場を整備することと比べて、子どもの成長過程で不可欠な「遊び」という観点から、いずれが有意義であろうか。

しかも「駐車場が増える」と何が起きるだろうか。都市高速道路の効果として、地域に用のない通り抜け交通の排除が常に取り上げられる。それなのに駐車場が増えたら、ますます地域内での自動車の保有と利用が促進され、地域内の自動車交通量が増加することは不可避である。また車庫証明としての駐車場は自宅から二㎞まで認められるから、地域外からの自動車すら呼び込むことになるだろう。

地元の人々は「通過交通が減る」と説明されているかもしれないが、まず工事期間中に多数の工事車両の出入りに悩まされることになる。工事はやがて終わるとしても、次に道路が供用されると、昼夜を問わず「ゴーッ」という連続音にさらされる。実際に高速道路が供用されている場所に行って体験すれば理解できるであろう。騒音のレベルは、数字的には環境基準をクリアしているかもしれない。しかし、今まで存在しなかった騒音が生活の場に新たに加わって、それが数字としては規制値以下であるからといって「より快適」と言えるのだろうか。そして五〜六年後、周辺の小学校で、ぜん息の子供の比率が増えたことに人々が気づいても、もう遅いのである。

◆通り抜け交通は別の対策で

多くの地域では、歩道も設けられないような狭い生活道路にも、地域に用のない通り抜け交通がみられ、交通事故はもとより、騒音や局地的な大気汚染、歩行者・自転車・車いすの通行妨害など、多大な問題が生じていることは事実である。しかしそれが環状道路によって改善されるという保証はまったくない。もともと生活道路の交通量は、自治体が局部的に測定する場合などを除いてほとんど計測されていないが、基礎データさえ計測されていない交通量が、なぜ減ると断定できるのだろうか。もし環状道路の建設によって、それにアクセスする周辺の一般道路の交通量が増えた場合、それらの交通は天から降ってくるのではないから、関連する生活道路の交通量が増える結果となってあらわれるのは当然である。通り抜け交通は別の対策で防ぐべきである。

日本の交通政策に関して「クルマ優先であり、歩行者や自転車を軽視している」と批判されることが少なくないが、歩行者や自転車を優先する先駆的な試みもあった。一九五〇年代後半に、東京や大阪で、子どもの道あそびができるように交通規制を行い、「遊戯道路」と称する試みが実施された。さらに一九六九年には、北海道旭川市で「買物公園」として道路を交通規制により歩行者専用とする、後の歩行者天国のさきがけとなる社会実験が実施された。一九七二年のスクールゾーン規制は、通学児童の安全確保のために総合的な面的規制を行う内容であり、国際的にも先進的な意義を持っていた。このほか一九七四年に生活ゾーン規制が制定された。

また一九九六年からのコミュニティゾーン事業は、これまでとかく縦割りと批判されてきた交通規制側（公安委員会）と、道路管理者側（国や自治体）が連携し、その計画にあたって住民参加を取り入れるなど、新しい枠組みにもとづいて実施された。その一例として、東京都三鷹市のコミュニティゾーンがある。対象地域は、同市上連雀二〜五丁目の七七万平方メートルで、その中に四七〇

○世帯・一万人弱の人が住む。ほとんどの道路が四m未満であるが、隣接する三鷹通りから、住宅街の中を迂回路として通り抜ける自動車が多く、交通事故も多かった。同地区で、ハンプやシケイン[42]を設置し、大通りから住宅街に接続する部分の構造変更（心理的に進入しにくくする）をするなどの対策を実施した。三鷹市の調査によると、地区内の交通量は、北→南方向が六五％の減少、同じく南→北方向が二六％の減少、交通事故が九四件から五三件に減少という効果がみられた。現在は「くらしのみちゾーン形成事業」と名称を変えて継続され、歩行者や自転車を優先した取り組みが多数紹介されている[43]。

●人々は何を必要としているか

◆道路が欲しいのではない

民営化をめぐる議論の中で、高速道路建設の抑制が提起されたことに対して、各方面から強い反感が示された。しかし人々の声を注意して聞くなら、高速道路という物体を欲しがっているのではないことがわかるはずだ。人々の真意は「安全・安心して暮らせる社会基盤を整えてほしい」「他の地域と不公平を解消してほしい」「地方のニーズを中央で勝手に評価するな」ということではないのか。

道路建設をめぐって、いわゆる「族議員」の関与がよく指摘される。しかし、いずれの議員も地域での支持があるから選挙を経て選ばれているのである。族議員といえども、もし地域に何の利益をもたらさずに私財を蓄えているだけの人物であれば、選挙で支持されることはないであろう。人々は、道路をはじめとする公共工事そのものが欲しいのではなく、それを手段として自らが望む生きかたや暮らしかたを実現したいのである。「無駄」な道路建設を止めよと主張するには、道路に代わって、人々が求める価値を実現するための提案を示すことが必要である。

高速道路にかぎらず自動車による移動は、「自分で占有する（あるいはレンタカー、カーシェアリングのように時間的に占有する）クルマを、自分で運転できる」という条件にかぎって成立する。これらの条件のうち一つでも欠けると、人びとは移動に際して重大な困難に直面するだろう。我々は七〇歳、八〇歳になっても、安全に運転できるだろうか。いまでも大都市圏以外では、公共交通の消滅、サービス低下のために、家族の人数と同じ台数のクルマを保有しなければならない。しかしそれは、個人としても社会としても、真に望ましいライフスタイルだろうか。

◆道路が失業者を作る

「道路整備は経済の活性化や雇用の創出に貢献が大きいから、やめることはできない」という通説がある。しかし経済の専門家でなくても、この考え方に大きな落とし穴があることに気づくであろう。たしかに高速道路の建設が行われれば、高度な土木技術や熟練技能者を必要とする道路構造物のほかにも、周辺の環境整備など、地域の人も参加できる多くの仕事がもたらされることは事実である。しかし工事はかならず一定期間後に終わってしまう。道路を供用した後のメンテナンス事業も必要だが、建設にくらべると作業量はずっと少ない。

「工事」に依存した雇用とは、一面では再び失業者を作り出す仕組みなのである。そこで雇用をできるだけ維持するために、次々と新しい「工事」を計画しなければならなくなる。あるいは、実施される道路の設計をできるだけ過剰仕様にしたり、道路の機能とあまり関係のない周辺工事を増やして作業量を増やし、また工期が長くかかるようにして、雇用を維持しなければならない。こうした仕事のあり方に頼って生活を営む人々が全国にいるかぎり、非効率な公共事業は繰り返され、官僚の責任を指摘したからといって、それを止めることはできない。

短期的には、道路（広い意味で公共事業）が雇用を生み出すように見えても、いまや高度成長やバブル経済の頃とは異なり、国も自治体も財政危機に陥っているときに、いつまでも「工事」に頼った経済では、ますます将来の時点で失業者を増やしてしまう。部分的には、海外への転出が考えられるだろう。現に道路技術者の間ではそうした動きもあるようだ。[44] しかしそれは、高度な知識や能力を有した専門家に限られる。地域で働いてきた大多数の人が置き去りになってもよいのだろうか。

アラン・ダーニング（環境政策）は「資源を多消費して生態系を傷つける製品や消費のほとんどは、雇用創出量が少ないからである。実際、高い労働集約性と環境への負荷の低さとの間には、驚くほど高い相関がある。たとえば、製品の修理は、新しく同じ製品を作るのに比べて、労働がより多く必要だが資源はより少なくてすむ。鉄道輸送が匹敵する規模の自動車輸送に比べて、雇用の量は多く、自然資源の消費は少なくてすむ[45]」と述べている。

「市民がつくる政策調査会[46]」の試算によると、道路を中心とする公共事業は、本来の社会資本整備の目的を失っており、実質は景気対策、雇用対策になっていることから、道路投資を別の目的に振り向け、より環境負荷の少ない目的に転用すると、むしろ雇用誘発量が多くなるという結果が得られている。もちろんここで、雇用すなわち労働力は、さまざまな経験や技能から成っているものであるから、単純な時間換算では他の職種に転換できないかもしれない。その意味であくまで仮定の計算であるが、道路と自動車でなければならないという必然性は存在しない。

この検討では、産業連関表をもとにして、道路投資のうち六兆円を他の「グリーン」な目的、すなわち、道路建設よりも持続的で、かつ環境負荷の少ない産業に振り向けたとして試算を行っている。その結果、同じ六兆円に対して、道路投資よりも九万三〇〇〇人ほど多くの雇用が生み出されるという。また逆に、同じ雇用を維持するための投資額という計算で評価した場合、道路建設に比べて、投資額は四一七八億円節約される。代替産業の例として、省エネルギーや自然エネルギー（風力・太陽）に関する機器の製造や設備の建設、福祉の仕事、環境研究などが挙げられている。どのような産業にも、経済効果や雇用創出の効果が必ず存在する。最初に道路工事ありきと限定するのではなく、道路工事のほかにも、より社会的に有益で、持続性のある産業を選ぶことはできないか、また環境に対する負荷が少ない産業システムを選べないのか、といった側面を数量的に検討すべきであろう。

●民営化委員会の評価

◆民営化委員会の限界と成果

社会的に注目を集めた民営化委員会であったが、功罪の両面があった。まず、委員会の機能が過大評価されていたのではないか。

民営委員会は「道路関係四公団民営化推進委員会設置法」にもとづいて設置され、委員会でどのような結論を出そうとも「内閣総理大臣に意見を述べる」ことが委員会に許された最大の権限であって、それにも法的な強制力はない。補足的には第二条第二項に「委員会は、前項の意見を受けて講ぜられる施策の実施状況を監視し、必要があると認めるときは、内閣総理大臣又は内閣総理大臣を通じて関係行政機関の長に勧告するものとする」とあるものの、これも直接に法的拘束力は与えられていない。

民営化委員会で議論された対象は、道路四公団の関係する道路（および道路橋）に限られている。高速道路は、たしかに国の基幹的な交通ネットワークであるが、高速道路を通行する自動車は、国内での自動車走行量（台キロでみた場合）の一割にも満たない。その他の大部分の走行量を占める「ふつうの道路」に対する議論はほとんどなされなかった。一割未満の交通量をまかなう高速道路だけでも、あのような大論争が生じたのであるが、高速道路だけを通行して用が足りる人はいない。その他の九割の道路を含めて、交通のあり方をどうするかという議論が必要だったのではないか。

これらの問題は、各委員の不見識や、怠慢によるものとは必ずしも言えない。委員会そのものがもともと制約を課せられた組織だからである。委員会の所掌事項は、第二条で「委員会は（日本道路公団等）に代わる民営化を前提とした新たな組織及びその採算性の確保に関する事項について調査審議し、その結果に基づき、内閣総理大臣に意見を述べる」と規定されている。したがって、関連四公団の民営化や採算性以外の事項について、かりに議論の過程で提起されたとしても、公式には成果物に含められない制約が課されていた。

また、委員会全体としてかならずしもまとまった方向性を示せなかった。二〇〇二年一二月の意見書提出に際して今井敬委員長が辞任するというトラブルが生じた。その時点では、ひとまず多数決により委員会としての意見書が提出されたものの、約一年後の二〇〇三年一二月に発表された政府の改革案は意見書の趣旨をほとんど反映していない内容と言わざるをえず、この段階でさらに一部委員が辞任した。この一年後の時点で、各委員が個別に、または少数のグループ別に意見書を提出しているが、この意見書は委員会として集約されていない私的な見解であり、委員会設置法に規定された効力も持たない。

「多数決」が設置法施行令に記載されたのは、猪瀬直樹委員の独走を防ぐことを意図したものと推測されている。しかしすべての委員について、その選任は設置法に「優れた識見を有する者のうちから」との条件が記載されているだけで、誰がどのように選ばれるのか、国民の意志を反映する手続きは決められていない。しかも人数がわずか七人の委員の中で多数決を取ったとしても、何の意味もないであろう。

前述のような問題がありながらも、民営化委員会の過程で、交通需要予測の手法やデータなどの情報公開が促進されたことについて、多くの交通専門家は高く評価している。民営化委員会の成果は、意見書や勧告と関係ないところに出現したともいえよう。これまで道路に関する社会的な議論において、自動車交通需要の予測に関する問題が広く人々の関心を惹いたことはなかった。それが注目されたことは、市民が交通問題にどのようにかかわるかを考えるにあたって、有意義であった。

交通需要予測の個々の手法そのものは、すでに大学や研究機関の専門家にとって周知であり秘密性はない。また現時点で国土交通省で採用されている手法は、最近の先端研究に比べるとまだ伝統的な方式であるので、その意味でも秘密性はない。ただし交通需要予測の具体的な手法は多くのステップからなり、それぞれの計算の要素をどのように組み合わせてどのようにデータを与えるかによって結果が異なってくる。また多くのステップの途中経過をみながら試行錯誤的に修正する必要もある。したがって計算の結果が妥当かどうか評価するには、一連の手法全体を知る必要がある。それに関して、情報公開の流れができた意義は大きい。

しかしながら、せっかくの情報の活用という点で、まだまだ問題がみられる。民営化委員会の席上で猪瀬直樹委員から、高速道路や海上横断橋の建設を正当化するために、交通量予測を恣意的に過大に見積もったのではないかという指摘がなされた。猪瀬氏は免許の保有状況や人口動態、その他の条件を取り上げて、将来の高速道路交通量がいま以上に伸びると想定するのは不自然だと指摘している。

これに対して、国土交通省の大石道路局長（当時）が下記のように答えているが、双方に大きなすれちがいがみられた。

「猪瀬さん、我々は［交通需要予測を］高速道路に落とし込んではいないんです。総走行台キロがこういう傾向にありますよということを申し上げているわけで、これを高速道路に落とし込むためには、一般道路との取り合いだとか、ＯＤ［註・需要予測の基本データとなる、自動車の出発地と目的地］だとか、全部計算しなければなりませんということをこの表の中でもお示ししているわけです[47]」

この議論では、いずれが正しい、正しくないという問題ではなく、猪瀬氏が国全体の総交通需要を論じているのに対して、大石局長は個別の道路（道路橋）について論じているために、話がかみ合わない状況を呈している。

「無駄な」道路、あるいは「いるか、いらないか」の議論に際して、議論に参加する人々が、交通需要予測がどのようになされるのか、基本的な情報を共有しておかないと時間の空費になるし、一方では相手が何かを意図的にごまかしていたとしても見抜けないことにもなる。交通という現象を、できるだけ具体的なデータを使って捉え、「なぜ道路が必要（あるいは不要）と考えるのか」という基本から考え直し、交通・道路・自動車に関して市民が正しい情報を共有することが、道路行政改革の第一歩である。この点を指摘し、次章につなぎたい。

注

1「道路関係四公団民営化推進委員会設置法」において「日本道路公団、首都高速道路公団、阪神高速道路公団及び本州四国連絡橋公団」と定義されている。
2 民営化委員会第一回議事録（二〇〇二年六月二四日）より。
3 総務省統計局『日本統計年鑑二〇〇四年版』より。
4 全国道路利用者会議『道路行政平成一四年度』二〇〇三年、六八二頁。
5 日本交通政策研究会 日交研シリーズA三二一「運輸部門におけるCO_2排出抑制に関する研究」二〇〇二年、四頁（室町泰徳氏担当）。
6 国土交通省道路局編『平成一一年度道路交通センサス』交通工学研究会、二〇〇一年より、筆者推計。
7 旅客交通の出発地と目的地、交通手段、移動時間など、交通行動を総合的に調査する「パーソントリップ調査」より、二輪車と自転車の移動時間、平均速度から推定した。
8 国土交通省『交通経済統計要覧』各年版より。
9 東京都自動車交通量対策検討委員会『自動車交通量対策の推進をめざして』一九九三年二月、七三頁。
10 国土交通省『平成一一年度道路交通センサス』より。
11 全国道路利用者会議『道路統計年報』各年版、国土交通省総合政策局『交通経済統計要覧』各年版より。
12 通常、道路用語では「車線数」は両方向合計の車線数を示す。たとえば二車線は、上下一車線ずつの意味である。

13 正確には、交差点や複数車線の相互の干渉のため、完全に二倍にならず、それ以下の数字になるが、およそ二倍と考えてよい。
14 森口祐一・寺園淳・近藤美則・松橋啓介・林良嗣・中村英樹・加藤博和「低環境負荷型都市交通手段に関する研究」サブテーマ⑥（低環境負荷目標達成のための都市交通システムの再構築に関する研究）一九九八～一九九九年度環境省地球環境研究推進費テーマB―55より。
15 川島智彦・古池弘隆・森本章倫「都市特性からみた輸送エネルギーの原単位の推計に関する研究」『第一七回交通工学研究発表会論文報告集』一九九七年一一月、一四九頁。
16 P. Newman, J. Kenworthy 'Sustainability and Cities – Overcoming Automobile Dependence' 一九九六年。
17 横浜市ホームページ http://www.city.yokohama.jp/me/douro/press/ より。
18 日本交通政策研究会『自動車交通研究・環境と政策』二〇〇三年版、八七頁。都市計画駐車場・届出駐車場・附置義務駐車場・路上駐車場の合計。
19 大西隆「人間中心の交通体系を実現する諸方策」『ＣＥＬ』二〇〇二年一二月号、三〇頁、大阪ガスエネルギー・文化研究所、二〇〇二年。
20 八田幹人「自家用乗用車の走行実態調査」『第九回エネルギーシステム・経済コンファレンス講演論文集』一九九三年二月、八一頁。
21 中村隆司・堀池泰三「一般世帯の自動車ガソリン消費の都市による違いをもたらす都市形態及び都市計画からみた要因」『都市計画』第二三五号、五四頁、二〇〇一年。
22 国土交通省国土交通政策研究所・計量計画研究所「環境負荷を少なくするための都市モデルの構築に関する調査報告書」二〇〇二年。
23 全国道路利用者会議『道路ポケットブック』二〇〇二年版。

24 シンポジウム「みんなで考えようクルマの税金二〇〇三」（第三七回東京モーターショー特別シンポジウム）御堀直嗣（モータージャーナリスト）・テリー伊藤（演出家）・片山右京（レーシングドライバー）・林広敏（日本自動車連盟）・小山好子（司会）
25 一例として「ＪＡＦの税制改正に関する要望活動」（http://www.jaf.or.jp/profile/report/youbou/f_index.htm）
26 国土交通省道路局総務課・企画課「道路特定財源の税制改正と道路整備五箇年計画（案）」『高速道路と自動車』四五巻一一号、二〇〇二年、三六頁。
27 たとえば日本自動車工業会『二〇〇三日本の自動車工業』二〇〇二年、四五頁。
28 自国通貨と外国通貨との比率を示す為替相場は、各々の国内で通貨が有する購買力（その通貨でどのくらいの商品やサービスが購入できるか）の相対的な大きさによって決まるという説。したがって、この説によれば、為替相場は両国の物価水準の変化に伴って変動することになる。
29 廣田恵子・ジャックポート「環境負荷削減のための自動車関連税」『エネルギーシステム経済環境コンファレンス講演論文集』二〇〇四年一月、五八九頁。
30 国土交通省ホームページ「道路整備効果事例集」http://www.mlit.go.jp/road/koka3/index.html
31 伊東大厚・河田浩昭・日本自動車工業会交通統括部「道路構造の改良による沿道環境改善効果の検証」『自動車交通研究・環境と政策』二〇〇一年版、日本交通政策研究会、二八頁。
32 四方洋『ゆえに、高速道路は必要だ』毎日新聞社、二〇〇三年、一七頁、一八頁。
33『道路交通センサス』各年版より。江崎美枝子氏（喜多見ポンポコ会議）の整理による。
34 武田文夫「第二東名・名神高速道路の社会的課題」『高速道路と自動車』四三巻九号、二〇〇〇年、一一頁。
35 前掲10より。

36桑原雅夫（講演会記録）「交通渋滞のいろいろと需要の時間平滑効果」『日交研シリーズ』B―八三、二〇〇一年四月、一〇頁。

37藤井聡『社会的ジレンマの処方箋《せん》』ナカニシヤ出版、二〇〇三年、五七頁、五九頁、七五頁等。

38環境総合研究所『大気環境の動向予測調査―東京湾岸広域大気拡散予測調査―』一九八九年。

39四方洋『ゆえに、高速道路は必要だ』毎日新聞社、二〇〇三年、一八頁。

40ヴィクトリア交通政策研究所ホームページ「TDM百科事典」より上岡訳（http://www.vtpi.org/）。

41四方洋『ゆえに、高速道路は必要だ』毎日新聞社、二〇〇三年、一一頁。

42「ハンプ」は、路面に隆起を設けて、自動車が一定以上の速度で通過すると不快な上下動を与えるようにして、あらかじめ運転者が速度を抑制するようにした設備。「シケイン」は、車道に張り出し（置き物、柵など）を設けて車道を狭め、自動車が速度を出せないようにした設備。

43国土交通省ホームページ（http://www.mlit.go.jp/road/road/yusen/index.html）

44西野文雄「道路関係四公団の将来」『高速道路と自動車』四三巻一二号、二〇〇〇年、七頁。

「本州四国連絡橋公団の工事がいずれ終わることは一〇年も前に分かっていたことである。そのころから、三ルートが完成した後、しばらくの間は大型の海峡横断橋は建設されないであろうことも多くの技術者は認識していたと思われる。少なくとも筆者はそのように予測していた。個人的には本州四国連結橋公団の技術者にそのことを話し、将来の公団の活路を考え、対策を講じるべきだと言ってきた」。

「道路公団や首都高速道路公団、阪神高速道路公団の将来についても同じである。新規事業が減り、先細りするのは目に見えている。公共事業費の削減自体が避けて通れないと思われる。予算が削減される上に維持・管理や保守に必要な費用の増大は避けられない。道路に関係する四公団の技術者が、現在持っている技術を温存し、発展させ、さらに夢を持って仕事を続けるには海外に活路を求める以外にない、と考える」

45 アラン・ダーニング、山藤泰訳『どれだけ消費すれば満足なのか』ダイヤモンド社、一九九六年、一一二頁。

46 市民がつくる政策調査会・グリーン交通研究会『税財政を中心とする道路政策転換への提言』一九九九年、九一頁。「市民がつくる政策調査会」は、市民の生活から生まれてくる課題や要求を政策づくりに反映するために設立されたネットワーク。http://www.c-poli.org/

47 民営化委員会第三回議事録（二〇〇二年七月一日）より。

第二章　市民と交通需要予測

●交通計画への市民参画

◆市民と交通需要予測

民営化の議論では、道路建設を正当化し促進するために、わざと過大な交通需要を予測したのではないか、そのため採算性を甘く評価し、赤字を招き債務を増加させているのではないか、という指摘があった。これは、実際よりも交通需要予測を大きく見積もった「過大推計」の問題である。しかし、交通需要予測をこの側面だけで捉えるのは危険である。道路公害の分野では、道路事業者が環境基準をクリアできるかどうか検討するために想定した交通量を上回って自動車交通が集中するために、環境基準が守れない事態が各地で起こっている。これは、実際よりも予測を小さく見積もった「過小推計」の問題である。

交通需要予測といっても、どの段階で何をして、どう使うのかに注目して議論すべきであり、単に「事業者に都合の良い予測をしているにちがいない」という疑念だけでは、具体的に市民の利益を守ることはできない。道路を新設する場合、あるいは既存の道路における公害問題など、交通需要予測に市民参画がなされなかったことが多くの問題をひき起こしているのであり、市民が交通需要予測のあらすじを理解したうえで、計画の最も初期の段階から参画することが必要である。それが無駄な道路の建設を防ぐ力ともなり、また地域や環境への影響を予測・評価し、必要な対策や代替案を講じる手がかりをもたらす。

道路計画の決定と、交通需要予測はどのような関係にあるのだろうか。たとえば高速道路に関して、二〇〇三年に設けられた「国土開発幹線自動車道建設会議（国幹会議）」という重要な手続きがある。国幹会議の前身は「国土開発幹線自動車道建設審議会（国幹審）」であり、名称を変えているが同じ役割を有している。この会議は高速道路の基本的な計画を決める重要な手続きの一つであり、承認された路線・区間について、国土交通大臣による施工命令が出ることになる。ただしこの段階で、建設は既定の事実となっており、道路の主な要目（車線数、インターチェンジ等）も決まっている。したがって市民の参画は、より上流の過程でなされる必要がある。

国幹会議の委員は二〇名で構成され、一〇名が国会議員、一〇名が学識経験者である。ところが学識経験者といっても、交通の専門家が一名しか含まれていないことが、この会議の性格をあらわしている。その他に学識経験者とされる委員は、経済学者、自動車業界の代表、マスコミ関係者などである。会議の審議事項は法律で定められており、建設線の区間・主たる経過地・車線数・連結位置及び連結予定施設（インターチェンジ）工事に要する費用の概算額など、建設の主要な要目が決まる。

前身の国幹審の会長は内閣総理大臣であった。二〇〇三年に国幹会議として再編されて、第一回の会議（二〇〇三年一二月二五日）では、学識経験者として藤井彌太郎氏（経済学）が委員の互選により会長に就任したが、これはどのような意味を持つであろうか。二〇〇二〜二〇〇三年の道路公団民営化に関する議論の過程で、元道路公団総裁の藤井治芳氏が、不採算高速道路（道路橋）の建設の責任を追及されている。その藤井元総裁に対して藤井彌太郎氏は、藤井元総裁に同調する視点で、計画ずみの全国一万二五〇〇kmの路線建設を奨励する対談を行っている。[1] すなわち、解任された藤井治芳元総裁が、国幹会議の会長に就任しているのに相当する状態なのである。

第一回委員会の議事録によると、ある委員から運営方法について疑問が提示されたにもかかわらず、審議事項についていずれも意義なし、あるいは賛成多数とみなされ、一時間足らずの議事で承認されている。[2] 前身の国幹審の会長が総理大臣であることは、国の重要施策であるという意義から説明がつくし、総理大臣は間接的ながら国民の信任を得て法的な定めに則り就任する職務である。しかし国幹会議となってから、どこでどのように選任されたかも公開されない委員の互選によって、高速道路推進を標榜する経済学者が会長に就任するという面をみても、むしろ国幹会議が建設計画を型式的に承認するだけの手続きになったことを意味する。

官僚は、施工命令の出ていない路線を、ゼネコンと相談して勝手に発注しているわけではない。国幹会議の段階では、条件を詳細に検討して「作らない」という選択肢を検討する余地は残されていない。車線数やインターチェンジなどの要目も決まっているので、建設費用もほとんど決まってしまい、あとは純粋に工学技術的な調整によって、コストダウンの余地があるという程度の選択しかない。これ以降ではいかに交通需要推計を行ったとしても「無駄な高速道路」という観点では、何も変えられないのである。

国交省の実務担当者にはむしろ同情の余地があるだろう。「作ることは政治レベルで決まっている。収支が合うように需要予測のほうを何とかしろ」と言われながら、一方で交通需要予測の責任を追及されかねないからである。しかも工学的には、いくら交通需要予測を精密に行っても、建設費や工期がそれに比例して節約できるとはいえない。たとえば、瀬戸大橋の車道部分は四車線、四三トントレーラーが通過可能として設計されているが、これをかりに二車線に減らしたり、設計荷重を減らしたからといって、費用がそれに比例して減るとはいえない。橋脚などの占める費用が大きいからである。

◆情報のコミュニケーション

これまで、大学や公的研究機関に対してはもちろんのこと、同じ霞ヶ関の他省庁の職員が、公務で交通需要予測データを必要とするときにさえも、国交省（旧建設省）は情報の提供を制限してきた。市民に対しては、データが存在することさえ秘匿する姿勢さえみられた。かりにデータを提供しても、コンピュータでなければ取り扱いが困難な大量のデータを、あえて印刷物で渡すなど、すべての面で閉鎖的な態度をとってきた。この問題は、民営化委員会の活動によってにわかに表面化したわけではなく、ながらく専門家の間で疑問が提起されていた。

一方、道路公害に悩む住民や、これから道路が建設されて生活に直接の影響を受ける建設予定地の住民は、行政や専門家に対して常に不審を抱いてきた。たとえば「より公正な意見をと考えても、一般に客観的と思われている専門家、特に交通の専門家というものは事業者の方を向いており、冷静な事実を語ってくれる方はほとんどいない」と評価している。[3] 筆者の経験では、すべての専門家がそうではないものの、少なくとも市民から一般的にそのように認識されていることは留意しておく必要があるだろう。

姿勢の問題だけでなく、説明のスキルの問題もあるだろう。技術者や専門家はいわゆる「職人かたぎ」の人が多く、説明が下手という傾向もある。しかし「専門的な事項を、専門外の人にもわかりやすく説明できる」という能力は、交通にかぎらず、すべての専門家に求められる資質であろう。また専門外の市民と積極的に接し、専門家に何が求められているかをじかに受け取ることは、自らの研究能力の向上にとって貴重な示唆となるはずである。

よく、専門家と市民のすれちがいとして「専門家が、重要な事実をわざと黙っていた」という応酬に発展することがある。しかしそれらの多くは、故意に隠していたというよりも「常識のギャップ」が原因であるケースが多いように思う。専門家には、素人にもわかりやすく説明する「説明責任」がある一方で、そもそも何から説明すべきかについて双方が食い違っている状態では、かりに良心的な専門家でも適切な説明はむずかしい。それが前述（第一章）の猪瀬委員と国交省の応酬に典型的にあらわれている。

ていねいに説明しようとすると、一つの用語を説明するだけで会議の時間が終わってしまう。少なくとも政策決定のプロセスに関与したいと考えている市民あるいは団体ならば、基本的な専門知識を勉強するなど「被説明責任」もあると思う。クルマや道路の問題に関して、市民参加の手続きはまだ模索中であるが、参加の機会はしだいに整備されつつある。その時に何が必要な基礎知識なのかを整理しておかないと、機動的に対応できない。

市民の側から「事業者は既定の結論しか示さず、代案や、結論に至る条件を説明しない」と批判されることがよくある。このとき、事業者の実務担当者も板挟みになっていることが多い。実務家であるために、あまりにも具体的かつ厳密に考えてしまい、たくさんのケースのシミュレーションに費用がかかるとか、そんな予算をどこから出すかなど先走って考えてしまう。それは実務家が抱え込む問題ではなく、合意形成にどれだけの情報を必要とし、どれだけ時間と費用をかけるべきか、社会的な仕組みとして決めるべきことである。実務家は科学的・客観的な結果を示せば良いという信念を持つことが必要であろう。一方で、実務家にそのメッセージを伝えることが、市民側の課題でもある。

●需要予測の前に

◆「計画」と「決定」の分離

自分で計画したことを自分で評価するのはむずかしく、自分の計画を否定するような結論はなかなか下せない。これは、官僚であろうとなかろうと、すべての個人あるいは組織において共通である。したがって、交通計画にかぎらず社会的に重大な影響をもたらす施策の採否あるいは内容の決定にあたり、計画と決定の主体を分離することが望ましい。最近、大規模な公共事業を中止した事例が出現している。たとえば神奈川県川崎市の、地下鉄計画の中止である。報道では「採算性の見込みがないから中止」という位置づけで報道されたように思われるが、この地下鉄計画見直しには、従来にない評価の枠組みが採用されたことに意義があるとされている。

それは、第一に市民による検討部会を並行して設けたこと、第二に事業者（行政）側が実施した需要予測を、第三者がチェックする部会を設けたことである。その結果、行政は予測に範囲を持たせた数字を提出し、それをもとに再検討を行って中止が決定された。二〇〜三〇年にわたる予測に誤差があるということは常識的に理解されるが、これまではそうした議論の枠組みすらなく、ただ一点の数字が既定の事実として示されることが多かった。

計画の実務者は、予測に誤差があることは当然理解しており、ケーススタディも行っているはずである。というより、計算の過程で条件をいくつか変えて検討しなければ、最終の結果に到達しないので、「わざと一点のデータしか計算しない」ということは実務上考えられず、計算の実務者はかならずケーススタディを行っているはずである。ところが、最終的にある結果を計画として採用し、社会に対して発表する際に、計算の実務担当者の知見が充分に反映されない。この部分に断絶があることも、社会的に交通需要予測が不信を招いているひとつの要因であろう。屋井鉄雄氏（交通工学）は、需要予測について外部の第三者によるレビューの重要性を次のように指摘している。

「特に、行政が内部で需要予測を実施するような場合では、需要予測の方法や結果を外部機関の検証に委ねることが望ましい。委員会を設置して検証を行うか、あるいは専門家に報告書に対するレビューを求めるなど、一定のルールを作って対応することが必要であろう。また同時に、中立的な第三者による評価ばかりではなく、市民の評価の目も重要である。反対の立場をとる団体のチェックであっても参考になる。行政や専門家とは異なる視点で、資料のわかりにくさや見逃した記載ミスなどを的確に指摘してくれることもあろう。これらは情報をオープンにすることで達成される広い意味での評価であり、行政は積極的に活用すべきではなかろうか[4]」

実務者の間には、なお「専門知識のない素人が参加しても、内容面の議論ができず、かきまわされるだけだ」と警戒する意識が強い。しかし、今や市民側の情報レベルも向上している。たとえば、工学的な専門知識や計算が必要な場合であっても、市民グループとして若手研究者や大学院学生のボランティアの協力を求めるといった体制づくりも可能になっている。行政としても、同じ予算を使うなら、形式的な審議会を構成して、肩書きだけで工学知識のない学識経験者を委嘱するよりも、よほど有効な税金の使い方と言えよう。

◆需要推計がすべてではない

交通需要予測が過大・過小といっても、それ自体が最終の評価ではなく、議論のごく入口にすぎない。その結果を用いて、新設の道路については要・不要を判断するひとつの材料になり、また建設するとすれば、車線数をどうするかなど、設備すなわち費用に直結する設計条件や仕様を決めることが目的である。一方で、その道路が供用された後に、大気汚染や騒音の環境基準をクリアできるかどうかといった評価に必要な情報としても用いられる。

交通需要推計に対する過大・過小の議論と、これらの最終の評価は、かならずしも直接に結びつかない。たとえば、新設の道路の主要な仕様を決めるというプロセスを考えると、通常の交通需要推計は、あくまで年間を通じた平均的な日の交通量を与えるにすぎない。もし、年間を通じていかなる特定の日にも渋滞が発生しないように、道路・その他施設を設計するとしたら、きわめて余裕を持った設備が必要となり、逆に特定の日以外の年間の大部分は設備が遊んでしまうことになる。有料道路の場合には、当然ながら採算性に影響する。

特定日ほどたくさんの人が通行し、ふだん道路をあまり使わない人も含めて通行するために、事故やトラブルが起こりやすく、ますます渋滞がひどくなる。そこで、あたかも世の中のほとんどの人が渋滞に巻き込まれ、さらなる道路整備を望んでいるかのように主張されることもある。このように、交通需要予測は情報の一部にすぎず、それ以外の多くの変動要素もまたさまざまな影響を与えるのであり、交通需要予測にすべての責任を負わせるのは適切でない。

◆交通実態の調査

以上の論点をもとに、市民が知っておくべき交通需要予測のあらましを、以下に解説する。まず交通政策の立案、さらに具体的な交通計画の策定にあたって、当然ながら現状の交通の実態の把握（人や貨物が、どこへどれだけ、どんな方法で何のために等）が必要なことはいうまでもない。ところが現在、そのデータの整備が意外なほど不十分である。その理由は、これまでの交通調査が主に「交通需要の増大に応じて（または予測して）、交通施設を整備する」という観点で行われてきたからである。近年、環境面の負荷を正確に把握したり、人々ができるだけクルマを使わずに済むような交通計画を実施するという必要性が高まっているものの、こうした観点での充分な情報は整備されていない。

同じ名称の統計でも、調査年度の間隔が長く古いデータしか使えなかったり、調査のたびに集計項目が変わったり、平日・休日の変動がわからないなど、戦略的なアプローチという目的にとって、欠けている情報が多い。都市部でのデータはあるていど得られるが、農山村部のデータはないに等しい。これまで農山村部では、渋滞や交通公害など、解決すべき問題があまり見当たらないと考えられていたために、情報としても注目度が低かった。しかし昨今のように地球温暖化対策が問題となってくると、公共交通が使えず自動車依存度の高い農山村部でのエネルギー消費も重要な関心となってきた。

公共交通の旅客の動きについては、乗車券などの記録が残るため比較的正確に捉えられる一方で、道路交通はさまざまな自動車が各自の目的で通行し、路線トラック（青ナンバー）を除くと個別の運行記録も残されていないため、調査に手間がかかる。さらにその中でも、人間（旅客）の移動はあるていどデータを把握することができる一方で、貨物は一台のトラックに複数の貨物が積み合わせられるなど、個々の貨物単位の真の動きを追跡しにくい。こうした制約から、検討や分析に使うデータにも間接的な推計が含まれたり、各種の資料を組み合わせて相互に整合性のあるデータを使おうとすると、新しくても数年前、ときには七〜八年前くらい、まさに一昔前の情報をもとにせざるをえない等の問題も生じる。参考までに、国あるいは広域レベルの大きな調査として、どのような調査があるかを要約したものが表2―1である。

こうした調査には膨大な手間と労力がかかるが、それでも限定的なデータしか採取できない。道路の新設・拡張をめぐって、対象となる地域や現状の道路に、どれだけの自動車が、どの目的で、どこからどこまで走っているのかといった、ごく当たり前と思われる情報についても、意外にも整備されておらず、議論がとたんに行き詰まってしまうのである。本当に道路の拡張が必要なのか、あるいはその地域に関係ない自動車交通を制限するような交通規制によってそれを回避しうるのか、といった評価を下すのに必要な情報が得られない。こうしたことも、惰性的に道路建設による「解決」が提唱され、結果としてそれがますます自動車需要を誘発する循環現象を招く原因になっている。

筆者らは、市区町村ごとの具体的な温暖化防止政策の立案・実施を支援することを目的として市区町村ごとのCO_2発生量を推計する研究[5]を実施しているが、このようにごく基本的なデータでも、今のところせいぜい都道府県および例外的ないくつかの市町村の単位までしかなく、少なくとも交通部門について、市町村単位の基本的な情報はほとんど得られていないのである。これがわか

表２—１　交通調査の種類

区分	名称	対象	特徴	問題点・制約
旅客	旅客地域流動調査	公共交通機関のみ	都道府県間の旅客の移動	クルマ関係は不明 年間データしかわからない
	幹線旅客純流動調査	公共交通の幹線と都道府県間の自動車交通	都道府県間の旅客の移動	年間データしかわからない
	全国道路交通情勢調査、自動車起終点調査	自家用乗用車、貨物車、ハイヤー、タクシー、バスなどおおむねすべての自動車	市区町村を数区域に分割したゾーンごとの自動車の動き	旅客の属性がわからない 時間帯別、休日のデータがある
	全国街路交通情勢調査（都市ＯＤ調査）	自家用乗用車	人口50万人以下の都市圏、市区町村を数区域に分割したゾーンごとの自動車の動き	旅客の属性がわからない 時間帯別、休日のデータがある
	東京都市圏パーソントリップ調査	全住民から無作為抽出（交通機関側からでなく、ユーザー側から調べる）	東京都市圏のみ 市区町村を数区域に分割したゾーンごとの自動車の動き	目的別、手段別にわかる 業務用車は明確に区分できない
	道路交通センサス	おおむねすべての自動車	自動車起終点調査に駐車調査などを加えた総合的調査	自動車起終点調査と同じ
	大都市交通センサス	公共交通機関のみ	三大都市圏	通勤、通学のみを把握
	国勢調査（の一項目）	全国	全数調査ができる	通勤、通学のみを把握
	家計調査年報	全国の標本調査	世帯での自動車使用状況がある程度わかる	交通調査そのものが目的ではない 町村部のデータが少ない
	ＮＨＫ生活時間調査	全住民から無作為抽出	全国	交通調査そのものが目的ではない
貨物	全国貨物純流動調査	事業所から無作為抽出	都道府県間の貨物の移動	貨物側からの調査により積み替えなどの状況も把握
	貨物地域流動調査	各種調査から推計	都道府県間の貨物の移動	細かい経路不明
	内航船舶輸送統計調査	内航船舶事業者		他の交通機関との関連不明
	航空貨物流動調査	航空貨物取り扱い事業者		他の交通機関との関連不明
	東京都市圏物資流動調査	事業所から無作為抽出	東京都市圏	

らなければ、交通に起因するCO_2の発生量を、市町村の政策によってどれだけコントロールしうるのかという対策も立てられないし、かりに対策を実施したにしても、その効果を評価することが不可能である。

従来のように、都市間に高速道路を敷設したり、道路を交通量の増大に応じて拡張しようといった発想なら、従来の調査でもこと足りた（それでも、未来のことを予測するにあたっては、かなり恣意的な要素が入りうる）。しかし、たとえばある地域に大きな商業施設が建設される計画がある場合、その地域の交通がどうなるのか、その地域に用事のある自動車がどれだけで、また関係ない通過交通がどれだけか、といった議論になると、それを直接的に示すデータは存在しない。いくつかの情報を組み合わせて推計することは不可能ではないが、市民がそれを容易に活用できる形では提供されていない。さらに警察が、信号関係の情報や、道路交通情報の公開に消極的であることも、分析の目的によっては検討を妨げる要素になる。

電子情報（カーナビに代表されるような、電子的な位置測定システム）を活用して、より精密な交通量予測を行おうとする試みもある。[6] また、前述のように限られた測定データを活用して、目的の情報を精度よく推定しようとする試みもあるが、[7] まだ模索段階である。こうした統計の利用にあたって、一つの制約はプライバシー情報の秘匿であるが、自動車の使用が環境的・社会的に重大な影響を及ぼしている以上、公益的な目的（環境負荷の低減、渋滞の緩和、交通事故の防止）に寄与する範囲内において、自動車交通の実態調査をより精密化するとともに、市民が容易に情報にアクセスできるシステムを整備すべきであろう。

●交通需要推計のしくみ

◆交通需要推計とは何か

民営化委員会の一連の議論の過程で、これまで門外不出とされてきた交通需要推計の資料の一部が公開された[8]。これを参照すると、数式で表現されているために、慣れない人にとっては一見して難解に思われるかもしれないが、結局は常識のつみ重ねにすぎない。

たとえば、ある人がどのような交通手段を選ぶかについて、免許を持っていなければ当然ながら自動車は選択肢に入らない。つぎに、自動車を使わないとすれば、まず目的地までの距離が近ければ歩いて行く確率が高いであろうし、遠くなるにつれて、自転車、バス、鉄道と使い分けてゆくであろう。また自動車を使う人についてみると、もしA地点とB地点の間に、高速（有料）道路と一般道路があった場合、高速料金に見合っただけ時間を短縮したいと思えば、料金を払ってでも高速道路を使う。一言で表現するなら、交通需要推計とは、こうした平均的な人間の行動を、シミュレーション上でいかにうまく再現するかという問題である。

この推計は、たとえば商業において、平均的な消費者が、どのような条件で、どのような商品を購入するかというマーケティングの手法とも共通する。このため交通需要予測の専門家は経済学の習得も要求される。それに加えて、実際のデータを使ってシミュレーションモデルを動かす技能も持っている。市民としては、こうした専門性について同等のレベルに到達することは必要ないが、どういう数字を操作すると、どこの結果が変わるのか、といった基本を知っておくことが重要である。

◆四段階推計法

これまで多くの交通需要予測に使用されてきた手法は「四段階推計法」と呼ばれる手法である。四段階とは、図2—1のように①発生・集中量、②分布交通量、③手段分担率、④経路配分の四つの段階に分けて推計する手法である。また、①の段階が、すでに人口や経済成長率など、外的な社会経済的要因によって影響されるので、この段階を「ゼロ段階」とみて、五段階推計と呼ぶ人もある。主に統計的なデータをもとにするので「集計モデル」という呼び方もある。

「ゼロ段階」の想定が異なっていると、それ以降のすべての段階は異なった結果をもたらす。人口や経済成長率などについても、何らかの予測はできるとしても一九七三年と一九七九年の石油危機、急激な円安・円高など、予測期間の途中に外乱があると、条件が外れてしまう。

したがって交通需要を予測する実務者は、まず「ゼロ段階」の社会経済的条件を確定する必要があるが、専門の経済アナリストでさえ当たらないことが多いこの種の予測を、交通計画の実務者に対して経済アナリスト以上の精度で予測せよと要求するのは不合理であろう。このため実務的には、人口や経済成長率など大きな枠組みの条件について、政府その他の公的機関が発表している数字を、所与の条件として採用することが多い。

ここで、たとえば将来の人口動態を条件として設定するにしても、人間が予測する行為であって、かならずしも的中する保証はない。高位・中位・低位といった変動を含んで示されることがある。人口動態の例では、年金制度の試算などでは高めの数字を採用しているともいわれている。「予測」という作業に際して、交通に関しては低めの数字で議論、年金に関しては高めの数字で議論、といったような条件の設定がありうることを知っておくべきであろう。

基本的な条件に変動が予測されるのだから、それを使って計算した結果にも変動が含まれると考えるのが自然である。ところが交通需要予測にかぎらず、行政機関の示す結果は、ただ一つしか示されないことが多く、それが唯一の数字として、いわゆる「一人歩き」する。むしろ、ある結果を示すときに「さまざまな要素によって変わりうる」と率直に示すほうが良心的であろう。

異なった想定を並べて示すことは、けして無責任ではない。たとえば、リスクを予想するときは高めに、採算性を予想するときには低めに予想することが、むしろ責任ある態度といえる。

図2—1　四段階推計法

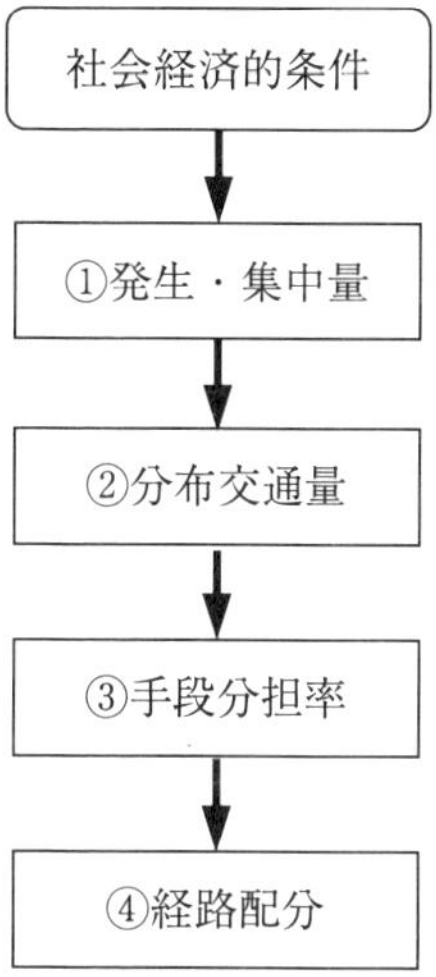

◆段階ごとの推定

つぎに、①〜④の各段階でどのような推計をしているのか見てゆくが、その前に、この四段階推計法の最終目的が、何のための数字を知りたいのかということを明確に意識しておかなければならない。たとえば民営化委員会で議論になったように、新しい道路を建設しようとする場合に、その道路の交通量が全体としてどのくらいになるのかを予測することが一つの目的である。また道路の物理的な構造を、四車線にするのか六車線にするのか、といった設計上の根拠としても必要である。この数字は、道路が有料か無料（一般道）かにかかわらず必要である。いずれにしても、新しい道路を建設する目的では、その道路を今後数十年以上にもわたって使い続けるのであるから、前述のように将来の社会経済的条件をどう想定するかが重要となる。

もう少し短期的に、たとえば渋滞緩和のために新しい道路を整備したときに、既存の道路に対してどのような影響があるかを予測することも必要になる。各地で問題となっている都市環状道路の議論では、環状道路の整備によって、都市内部での交通状況がどのように変化するかが重要な評価の要素である。さらに本質的には、ほとんどの国民、道路利用者は、ある道路の通行台数が一〇万台なのか、一二万台なのか、という数字そのものに関心があるわけではない。具体的な関心は「渋滞がどうなるのか」「料金や所要時間がどうなるのか」そして沿線住民にとっては「大気汚染や騒音がどうなるのか」についてである。

したがって、道路の利用者や沿線住民が求める、このような状態に対して、交通需要予測のそれぞれの段階での設定やモデルが、どのような影響を与えるのか、という観点が不可欠である。あたりまえのようであるが、意外にも軽視されてきた観点でもある。

一連の推計過程は、これまで国土交通省の部内限り、また実務的には特定のコンサルタント会社以外には開示されていなかったが、民営化委員会の一つの成果として、国交省のホームページでその一端が公開されるようになったので、興味のある方は参照ねがいたい。[9] ただし公開されたといっても、推計過程のごく初期段階のみであり、大部分がマクロ（全国値）に限られている。個別の地域や道路での交通需要推計について、その数値が妥当であるかどうかを具体的に検証できる情報ではない。しかし、この初期のステップだけでも非常に複雑な手順が必要であるという点が理解できるし、大気汚染や温暖化対策の面でも、参考になる情報が含まれている。

なお、推計の各段階あるいは全体の推計については、採用するシミュレーションモデルについて、現時点のデータを入力して、現状を再現できるかどうかのチェックが行われているため、時間的・空間的に現状に近い条件であれば、それなりによく「あたる」と言ってよい。

◆第一段階・発生と集中

いま、図2―2のように、ひな型としてA～Eの五つの地域があったとする。通常はこれが「ゾーン」と呼ばれる。基本的に市区町村を単位として、目的によってそれを合体させたり、逆に分割

図2―2 「ゾーン」のひな型

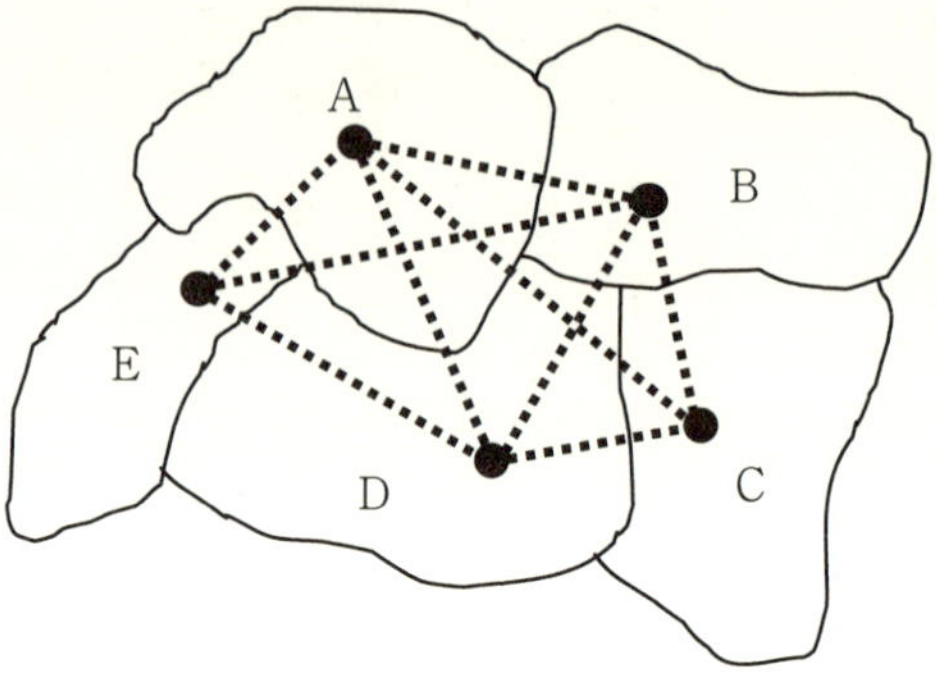

して検討する。ただし全国に市区町村は三〇〇〇以上あり、かりにゾーンを市区町村単位としただけでも、それぞれの組み合わせによって、全国では三〇〇〇×三〇〇〇の総当り計算となる。また徒歩から航空機・新幹線まで、利用距離や性質が異なるすべての手段に対して、全国一斉に予測することは現実的でない。

計算は精密に行うに越したことはないが、コンピュータが手軽に利用できるようになった現代といえども天文学的な計算量になり、非現実的である。このため、詳しく検討したい地域を細かく分割し、遠くなるほど大まかな区分に合体させることもある。全国を対象に計算するときには都道府県単位で、また首都圏、大阪圏といった範囲で検討するときは市区町村単位で、また重要な部分をさらに細かく区切った単位というように、計算の精度を大きく崩さないように配慮しながらゾーンが決められる。

「発生」というのは、あるゾーンから出発する交通量（自己ゾーン内に到着する交通も含む）であり、「集中」というのは、あるゾーンに到着する交通量（自己ゾーン内から出発する交通も含む）を指す。この段階では、その交通が自動車を使うのか、鉄道を使うのか、徒歩や自転車か、という区別をまだせずに、交通量全体（たとえば人の動き）がどのくらいあるかを推計する。ゾーン内に人が住んでいれば、かならず通勤・通学が必要となるし、買い物に出かける人もある。毎日ではないが、一定の割合で娯楽そのほか、さまざまな私用で遠出をする人もいる。また企業や商店があれば、人が集まってくるし、たとえばその床面積が多いほど、多く集まってくるであろう。こうした要素を統計的に処理して、そのゾーンからどのくらいの交通量が流出し、またどのくらいの交通量が流入するかを求める。これが「発生と集中」である。全国についてこの値を推計する手順が、前述の国土交通省の資料にも紹介されている。

◆第二段階・分布交通量

次のステップとして、ゾーンAで発生する交通量が、A内部で完結する分、Bゾーンに行く分、Cゾーンに行く分…というように、相手側（自己ゾーン内を含む）による振り分けを考える。これが「分布」である。その考え方としては、たとえば人口が多い相手方ほど、そこに対する交通量は多くなるし、また距離が近いほど、そこに対する交通量が多くなる、といった物理的な条件による振り分けによる方法が一般に用いられる。

ただしこれだけの条件では、たとえば歴史的に、特定のゾーン同士の結びつきが強いといった特例も存在するから、必ずしも現実をあらわす振り分けにならない。あるいは、現時点の統計から、それぞれの組み合わせごとの交通量の現状がわかっていれば、経済成長や人口の変化にともなって、全体にスライドした交通量が将来発生すると予測する考え方も成り立つ。こうした考え方にもとづいて推計する方法もある。

いずれにしても、限られたデータから将来の予測値を求めなければならないので、実務的にやむをえない理由から、さまざまな仮定を設けるのであるが、一方でそれは、第三者からみて不透明という疑念を生じる原因にもなりうる。これをどのように情報開示し、説明できるのか、まだ模索段階である。なお分布交通量を求める際の問題として、それぞれの相手方に対して求めた交通量を合計しても、第一段階で求めた発生・集中量と一致するとはかぎらず、双方を一致させる調整が行われる。

◆第三段階・手段分担率

こうして、ゾーンA内部を含む、対ゾーンB、対ゾーンC…の組み合わせに対する交通量がひとまず求められたとする。次にその交通量の中で、徒歩や自転車の分、鉄道の分、乗用車の分といった、手段ごとの振り分けを行う。たとえば、二kmまでは徒歩、二〜五kmの間は二輪車、五〜一〇kmの間は乗用車、それ以上は鉄道、といった振り分けが考えられる。ただし、ある距離を境にして交通手段が一斉に切り替わるのでは不自然であるので、一定の分布をもって変化するようなモデルが考えられている。また、その地域の所得や乗用車保有率（全く持っていない世帯から、複数台持っている世帯など）も、手段の分担に影響を及ぼす。そのほか、公共交通機関の整備状況など、さまざまな要素が考えられる。

最近の交通需要予測の研究では、「人口あたり」といった統計的な数字を全体に拡大して推計する方法とは別に、個人がどのような要素で、たとえば年齢、職業、収入などの条件によってどの交通手段を選択するか等、人間の交通行動の側からのモデルが研究されている。この方法では逆に、人間の交通行動を変える（自動車に変えて公共交通を選択してもらう等）には、どのような交通政策を実施すべきかといった政策の手がかりともなる。前述の統計的な手法（集計モデル）に対して「非集計モデル」と呼ばれることもある。

ある意味で、これまでの集計モデルが、過去の交通需要の推移に合わせて交通インフラを供給する発想が基本になっているのに対して、新しい方法は逆に交通需要のほうをコントロールすべきであるという考え方の変化を反映したものとも言える。ただし新しい方法は、学問的研究としては進展しているものの、まだ必ずしも実際の道路政策と結びついていない。傾向としては、精緻化するほど人々は公共交通よりも自動車交通をより多く選ぶであろうという予測になる。この意味でも、必ずしも「過大推計」だけが交通需要予測の問題ではない。

◆第四段階・経路配分

いくつかの方法はあるが、第三段階までで、ようやく「ゾーンAからEまでの、それぞれのゾーン相互（自己ゾーン内を含む）に、それぞれ徒歩、自転車、乗用車、鉄道…の手段別に移動する人が何人」という数量がひとまず推定できた。しかし必要とされるのは、特定の道路に何台の自動車が通行するかという数字であって、それはまだわからない。鉄道や航空機では、もともと設定されている経路に対して乗客がそれを逸脱して移動することはありえないが、道路については複数の経路が存在し、運転者がどの経路を選ぶのか多くの組み合わせが考えられるからである。

そこで、第一段階で想定したゾーンをもとにして、具体的な道路ネットワークを設定する。市販の道路地図にみられる国道や主要な地方道のイメージと似たものと考えてよいが、計算上の制約から、厳密にすべての道路を表現することはできないために、ゾーンの中のいくつかの代表的な点（ノードと呼ばれる）を仮に設けて、それらを相互に結ぶ計算上の仮想的な道路を考えることが多い。そのために、たとえば高速道路のインターチェンジに乗るために、いったん目的地と逆方向に一般道を走行するといったような、現実の自動車の行動を表現しきれないという制約もある。

あらかじめ経路が決められている路線バスや、区間・路線や時間帯によって大型車や危険物積載車の通行が禁止されている箇所などの例外もあるが、通常のほとんどの運転者は、できるだけ短時間・短距離で目的地に到達する経路を自然に選ぶと考えられる。考えられる経路に高速（有料）道路が含まれている場合、その料金に照らして、お金を払っても時間を節約するほうが利益になると思う人は、高速（有料）道路を利用する。

次に、ある道路が選択されたとすると、その道路が空いている（交通密度が少ない）ときは、法定速度の範囲内で自由（他の自動車の干渉を受けない）に走行できるが、通行する自動車が増えて道路が混んでくる（交通密度が多い）と、しだいに平均の走行速度が低下し、やがて渋滞に至る。この状態を実際の路上で観察すると、図２―３のように、データのばらつきはあるが、おおむね直線で表わされる関係になり、経路の配分を推計する基本的な情報となる。

ある道路が便利で走りやすいという情報が知られていると、多くの自動車がその経路に集まってくる。たいてい国道など知名度の高い幹線道路がそれに該当するが、集まってくるとやがて道路が一杯になり、しだいに速度が低下して自由に走れなくなる。そうなると「抜け道マップ」が市販されていることからもわかるように、別の経路に交通が流出してゆく。もし、すべての運転者が道路網全体についてリアルタイムで完全な情報を知っているという極端な仮定を設けると、どの経路を通っても所要時間がすべて同じ、という状態で交通量がバランスするはずだが、実際にはさまざまな偏りがある。実務上は、このような運転者の選択を反映するようにさまざまな数式モデルが提案され、使い分けられている。

ところで、我々が家から出かけて、最初に接するの

図２―３ 速度と交通密度の図

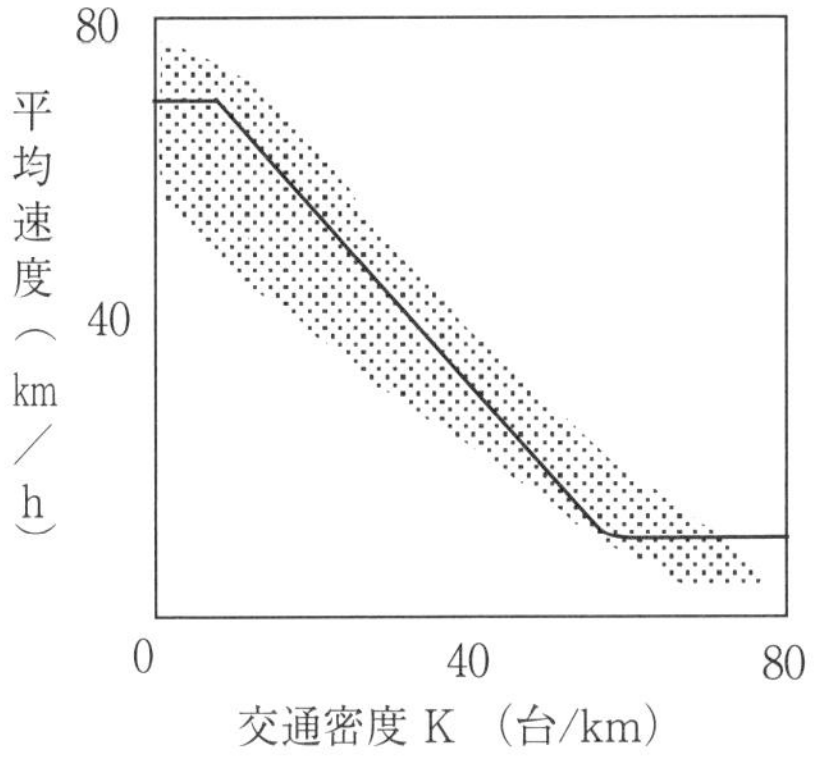

は生活道路（細街路）である。これがなければ、どのような高速道路や高速鉄道のネットワークがあっても、そこまで到達できないから、むしろ細街路こそ最も重要な道路である。しかし細街路は、もともと交通需要推計の対象になっていない。このような道路まで含めてデータを測定したり計算しようとすると、数が多くて天文学的な手間がかかるため、交通需要予測の対象となる道路は、幹線道路にかぎられている。目的によっては首都高速道路ネットワークの分だけ、といった区切りの推計も行われる。

環状道路の整備の事例では、細街路を通過する自動車交通を排除することができると宣伝されている。しかし、前述のように細街路は推計の対象になっていない。地域の踏切を通過する自動車台数を測定して、間接的に推定した事例[10]もあるが、これも細街路の交通量をあらかじめ予測したものではない。したがって「環状道路の整備によって、生活道路での抜け道交通を排除することができる」という説明を受けたときには、それがどのような根拠によっているのかを確認する必要がある。

以上の段階を経て、特定の経路について得られた数字が、新規に建設する道路については供用時に予測される交通量であり、また別の面では、環状道路の整備にともなって既存の道路の交通量がどう変化するか、という数字ともなる。実務的には、現在も四段階推計法が基本的に用いられているが、後述するように手法そのものの制約も指摘されており、いずれにしても、限られたデータから将来の人間の行動を予測する行為であり、ときには二〇～三〇年後も予測するのであるから、もともと誤差が避けられない。

●結果をどうみるか

◆推計結果の解釈

ここまでで、ようやく特定の道路あたりに、どのような種類（通常は、乗用車・バス・小型トラック・大型トラックの四区分）の自動車が通行するかが求められ、一見すると道路計画の基本的なデータが揃ったことになるが、実のところ、これだけでは、まだ何もわかっていないのに等しい。あえて言えば、有料道路の料金収入を予測する目的なら、それぞれの通行台数と、車種に応じた料金、年間日数を掛ければ、収入の予測金額が求められるが、前述のように、最終的に求めたい数字は目的によりさまざまである。

前述のように、道路利用者や沿線住民が欲しい結果は「渋滞がどうなるのか」「料金や所要時間がどうなるのか」「大気汚染や騒音がどうなるのか」の予測である。その目的に照らして、四段階推計手法によって、適切な数字が得られているのかどうかを吟味する必要がある。ここで「適切」というのは、単に精度が高いとか、予測と実績を比べて当たった・外れた、と評価するだけではない。渋滞や道路公害を問題にするのであれば、単に一日平均で自動車が何台通行するかがわかっただけでは全く不十分であり、一日のなかでもピーク時の交通量を知る必要もあるからである。四段階推計法で得られた数字は、予測のごく入り口にすぎないのである。

もし、推計した数字をもとに、道路を何車線にするか決めたいとすると、平均的な通行量だけでは根拠にならない。というのは、交通量というのは、曜日・季節・時間帯、さらに盆・年末年始などの特異期間を通じて、さまざまに変化するからである。そして道路利用者からみると、たまたま自分がその道路を利用したときに、混雑していれば「混んでいる」と感じ、空いていれば「空いている」と感じるにすぎないからである。したがって、いつも通勤時に道路を利用する人々は、たとえそれが一日のうちの限られた時間帯だけであっても、「この道路はいつも混んでいる」と感じることになる。大多数の道路利用者は、お盆・年末年始などの特異期間については、あるていど混雑を許容するかもしれないが、日常の渋滞には不満を抱く。

つまり、道路計画の次のステップとして、単に交通量だけではなく「サービスレベル」という考え方が必要になる。どれだけの人、あるいは割合に対して、満足できる道路の容量を提供するのか、という検討である。もし、曜日・季節・時間帯そのほか、いかなる特異な期間にも渋滞しないだけの道路容量の提供、つまりサービスレベルの維持を目標としたら、きわめて過大な設備投資を必要とする。これでは非現実的なので、実務的には、一定の割合で特異条件を除いた部分をカバーする道路を設計することになる。そうなると、見方によっては過剰な投資が行われていると評価する人と、逆にこの道路は容量が足りないと評価する人が、共に存在することもある。交通計画の評価には、こうしたむずかしい側面がある。

最近、高速道路でも、交通量によっては二車線（片側一車線）でもよいのではないかとの提案がある。実際にこのような考え方で、将来の四車線化を前提とした暫定二車線で供用している区間もある。しかしトンネルや橋梁は、二車線の仕様でも費用は必ずしも四車線の二分の一にならないし、用地についても将来の四車線分をあらかじめ取得しておくなどの対策のため、建設費はそれほど節減できないこともある。いずれにしても、あとで文句を言われないように、できるだけ余裕を見込んでおいたほうがよいという判断に傾きがちである。しかし二一世紀にも、いつまでも現状の延長を続けて行けるとはかぎらない。

実務的には、車線数のほうを先に仮定して、そこに流せる自動車の台数はどのくらいかという方向から検討し、試行錯誤的に合わせてゆく手法がとられる。[11] こうした作業には、かなり職人芸的な部分があって、情報公開といっても、結果の数字は公開できるが、その処理について、すべての手順を第三者に明快に説明できないこともある。また推計した交通需要がかなり異なっても、結果として採用される設備は同じ、ということも起こりうる。このような問題に対して、パソコンの性能向上にともなって、条件を変えて結果がどのように変化するか、参加者が同じ画面をみながら議論するといった手法もしだいに採用されるであろう。

民営化委員会では、二〇〇二年八月ころ、国土交通省の事務局に対して委員がデータの提出を求めた際に、数式を抜いた数値のみが渡されたとして、意図的な隠蔽ではないかとして双方の応酬が行われている。[12]

しかし、交通需要推計にはさまざまな要素があって、かならずしも「事業を正当化するために、交通需要推計を意図的に多く見積もっている」とは言えないこともあるので、批判する側も、交通計画の手順をあるていど理解して議論する必要がある。

需要推計の精度向上のための努力にもかかわらず現実はきわめて厳しい。道路公害裁判で道路管理者の責任が問われ、大型車の通行差止めの判決[13]が下された阪神地区では、市街地を通過している高速道路神戸線および国道四三号線から、住宅への影響が少ない高速湾岸線に大型車を誘導するために、神戸線と湾岸線の料金に格差を設け、湾岸線の料金を四割安くする「環境ロードプライシング」を二〇〇四年二月に実施した。しかし測定によると、実際に経路を変更した大型車は、平均通行量の一・八パーセントにとどまった。[14] これでは測定誤差の範囲と大差なく、市街地での大気汚染の改善にほとんど効果が期待できない。予測を現実の交通対策に活用する過程については、まだまだ課題が多い。

環境対策の観点になると、四段階推計だけでは意味をなさない。それは現状の交通需要推計が、いまなお「道路を作るための手法」として位置づけられ、環境対策は付帯的な問題としか認識されていないからである。

たとえば、ある道路の区間や地域で発生するCO_2・NO_x・PMなど、環境負荷物質、あるいは騒音の予測が必要になったとする。前述のように、それらの値は交通状況によって大きく変動するので、四段階推計法によって、ある道路区間における一日を通じた平均の予測値があっても、それだけでは環境負荷物質や騒音の予測に充分ではない。実際のところ、現状ではまだこの間のギャップを埋める確実な方法は確立されていない。このことから逆に、「環状道路の建設によって、都心部の大気汚染がこれだけ改善される」という予測が示されたとしても、それはきわめて大きな不確実性を含んだ数字でしかないということに、注意が必要である。

別の側面からも、四段階推計法の限界がある。推計の各ステップでは、人口や経済指標から発生する交通量を統計的に求め、一定の条件で交通機関（徒歩・自転車、公共交通、乗用車）の分担率を推定する。しかし現実には、次のような現象が起こっているであろう。たいていの人は、通勤の帰りに別の私用を済ませたり、複数の場所を連続的に回って用を足したりしている。すると、ある人がある日、何らかの理由でクルマで家を出たとすると、最初の用事はたしかにクルマが必要であったかもしれないが、次の用事が、徒歩や自転車でも済む距離であったり、公共交通を使うほうがむしろ便利であったとしても、クルマに乗ってきてしまったので、そのまま続けてクルマを使用する可能性が高くなる。これが「トリップ・チェーン」と呼ばれ、四段階推計法から乖離する一つの要因と考えられる[15]。

すなわち、ひとたびクルマの利用が行われると、それがますますクルマの利用を増加させるという、正のフィードバックを構成することになる。

このように交通需要予測は、きわめて複雑な要素を考慮しなければならない。民営化委員会の会合の中で、国土交通省が必要なデータをなかなか開示しないことについて、川本裕子委員（早稲田大学院教授）が「スプレッドシート（ＥＸＣＥＬなどの計算ソフト）を毎日いじっている者としては、本当に簡単なことなんですね。クリック三つで終わりなんですから、そのことについては協力していただきたい[16]」と不満を述べている。しかしこれは、交通需要予測の意義を誤解しているのではないだろうか。

◆裁かれた交通需要推計

四段階推計法が訴訟に持ち込まれた例がある。[17] 一九八九年、米国の環境団体「Sierra Club」と「Citizens for a Better Environment」が、サンフランシスコ、オークランド、サンノゼ等のベイエリア（都市圏人口約六〇〇万人）の交通計画策定組織ＭＴＣ（Metropolitan Transportation Commission）を相手どり、ＭＴＣの策定した計画案は環境基準（一酸化炭素、炭化水素）をクリアできないため、高速道路の建設を中止すべきだという訴訟を起こした。

国内外のいずれの道路整備計画でも常に提示される理由であるが、ＭＴＣ側は、高速道路の整備によって道路容量が拡大して交通の流れがスムースになり、排気ガス汚染が軽減されるとしていた。これに対して環境団体側は、道路容量の拡大、混雑緩和にともなって、むしろさらなる交通量が誘発され、環境改善の効果が失われると指摘した。ここで、交通需要予測手法の妥当性が争点となったわけである。

計画者側が使用していたモデルは、単なる四段階推計法に比べると改良が加えられており、原告側が指摘するような誘発交通を、あるていど反映できる機能があったものの、当時のコンピュータの能力の制約などから、充分な性能を有していなかったといわれる。裁判の結果、原告側の主張を裏付けるまでのデータがないとして、原告側が敗訴した。しかしこれを契機に、交通需要予測モデルの重要性が注目された。

しかし今なお、日本でも満足すべき予測モデルは、実用段階に達していない。交通需要予測の手法や、それを検証するデータは、かなりの不確実性をともなったものであり、事業者側が示したデータが、唯一疑いのないものと評価するには足りないのである。

首都圏の外かく環状道路の計画においても、都区内の渋滞緩和、既存の環状八号線における大型車通行削減などの理由が掲げられているが、これまでに沿道関係者に提示されたデータは、既存の道路の交通量がどの程度変化するかという予測のみであり、最終的に人々が知りたい騒音や大気汚染のレベルがどうなるかについて、具体的なデータはまだ示されていない。交通需要予測モデルそのものも、これまでに外かく環状道路に関する沿線協議会において情報が開示された段階では、伝統的な四段階推計法を用いていると報告されているので、これまで述べたような四段階推計法の難点がそのまま残っているとすれば、交通量の予測値そのものがかなり不確実性を伴ったものとみるべきである。関係者が共通の情報を保有して判断するに必要な情報は、現状では提供されていない。

◆圏央道あきる野裁判と道路問題

圏央道は、都心から半径およそ五〇km前後の距離で、首都圏の外側を一周する道路として計画されている。半径が大きいために計画総延長はおよそ三〇〇kmに達し、東京から名古屋までの距離に匹敵するほど規模の大きな環状道路であるが、現在はそのうち約三〇kmが供用されている。この中で、いま東京都の青梅インターチェンジまで開通している部分をさらに南に延伸して、東京都あきる野市にインターチェンジを設ける事業が行われている。

ここで、あきる野市で用地買収に応じない住民（地権者）が存在するため、国は二〇〇〇年から土地の収用手続を開始したが、この手続きに関して地権者は、土地の収用手続きの取り消しを求めて裁判を起こしていた。二〇〇四年四月に東京地方裁判所の民事三部よりその判決が示されたが、それによると、圏央道の供用によって生じる環境への影響に対して配慮が十分でないこと、また圏央道の効果として示される渋滞緩和効果などの根拠が乏しいことなどから、収用手続きは違法であるとして、手続きの取り消しを命じている。

判決としては、あくまで「収容手続きが適法であるかどうか」という論点に沿って述べられているが、その過程で、これまで各地で発生している道路事業をめぐる紛争（訴訟になっているか否かを問わず）や、道路計画、環境への影響予測のあり方にまで広く言及されている。詳細は訴訟関連の書類を閲覧していただくとして、本書で注目している交通需要予測や、環境影響予測に関連の深い事項について、以下に論点を要約しておきたい。

①騒音被害の予測について

現在の騒音の環境基準が「道路に面する地域[18]」では緩く（騒音が大きくてもよい）設定されていることを事業者側が拡大解釈して、より広い地域にわたって緩い基準を適用して環境基準が満たされると評価していることは適切でない。また現実の多くの道路では、自動車が法定速度を超えて走行することが常態化している（すなわち騒音が大きくなる）にもかかわらず、騒音の予測では自動車の走行速度を法定速度（圏央道では時速八〇km）と仮定して計算しているのは現実的でない。さらに、地上面だけでなく高所（マンションなどに対して）の騒音予測、既存道路の交通状況と合わせた複合騒音、将来の交通量予測の想定などにも疑問がある。

②地域の実情に合わせた大気汚染の予測について

谷や盆地など、汚染された大気が滞留しやすい地域の実態に対して、事業者が一般的な予測方法のみを用いて、大気汚染の影響予測を行っているのは適切でない。また、個別に現地調査や実験を行うなどの配慮をしていない。また、この事業においてはPM（粒子状物質）について影響予測を行っていないが、多摩地区（あきる野市が含まれる）でもPMの環境基準を満たしていない地点が多いことや、過去の判例でも、健康被害との因果関係が指摘されているのに、この事業でPMについて評価を行っていないのは不適切である。

③圏央道の事業効果（渋滞解消など）が不確実であること

事業者側は、圏央道の整備が、東京都心部の渋滞緩和や、圏央道に隣接する国道一六号線、四一一号線の渋滞緩和に貢献するとしている。しかし、首都圏には同様の機能を有する環状道路（首都高速中央環状線・外かく環状線）も存在する。首都圏の交通量のうち、どのような割合が、どの経路を通過するのか、また他の環状道路との関連を考慮した明確な説明がされていない。また、このような代替ルートを有料で供用すると、利用が敬遠されて、依然として並行道路が渋滞している実態が多数みられるが、そのような現象に対する検討もされていない。総じて「圏央道の整備によってこうなってほしい」との期待のみで、検証が不十分である。

なお、この判決ではさらに興味深い言及がなされている。判決の最後に裁判長からの付言として、そもそも道路事業そのほかの公共事業一般に関して、計画段階から市民が司法の判断を求める機会が設けられていないことが問題であると指摘している。すなわち、これまでの公共事業では、計画が既定事実となって実際に工事が開始される段階になって、さまざまな紛争が生じているが、それ以前の計画段階から、市民が司法的な手続きによって事業の評価を問う機会が設けられるべきであると述べているのである。これはきわめて重要な指摘であり、今後の道路計画に関する市民の参画のあり方にも、大きな影響を及ぼすと思われる。

◆市民と専門家

人々はこれまで、交通の専門家というのは、いわゆる道路族の政治家や官僚に迎合して、恣意的な交通需要予測を報告していたかのように思っていたのではないだろうか。良心的な専門家はけしてそのようなことはしていないが、条件の設定によって結果が異なったり、職人芸的な調整が加わるために、説明そのものがむずかしいという制約がある。しかし、より大きな問題と考えられるのは、政治的意図を持った経済系の学識経験者が、自動車交通を推進するために都合のよい数字だけを取り上げてきたことである。単に「専門家」とひとくくりにすることは、誰が悪者なのかを見誤ることになる。

　市民運動に携わっている人と、企業や行政の実務担当者が話し合ってみると、考えていることや、目指しているところはそれほど変わらないことがわかる。しかし、立場上の制約から、思うように動けない面があったり、実現のための道筋、手法が異なったり、理想形を論じているのか現実形を論じているのかなどの差異による行き違いが生じる。市民としても、交通計画が立案されてから実施されるまでの過程を見通して、望ましい結果を効果的に実現するノウハウや、さまざまな利害関係者のなかだちをする能力が問われるようになってきた。

　市民の課題として、①議論に必要な、基本的な知識を身につける、②行政や事業者の中で活動の核となるキーパーソンを見出し支援する、③さまざまなルートを通じて情報を集める、といった活動が必要とされる。道路の分野ではないが、ごみ焼却炉の選定に際して、工学知識を持った市民コンサルタントの参加により、地域のごみ特性に合った最適な選定ができた事例が報告されている[19]。検討には、経験豊富なメーカーの実務技術者も協力し、費用にして数億円の節減効果を挙げた。

　この報告では、協働体制が機能する要素として、市民側の参加者にも技術的な素養が必要であるとともに、実務にたずさわる技術者とのつながりを持たないと、重要な情報を見落としやすいという点も指摘している。技術に関する基礎知識がないと、必要もなく「行政不信」を表明するだけであったり、逆に何でもお任せの対応になりやすい。また多くの学識経験者は、第一線の技術者、実務担当者の声を聞く機会が乏しく、実際の設計の細部を熟知していないために、事業者の説明を伝達するだけになりやすい。逆に「市民側」とされる学識経験者は、市民にとって都合の良い意見を述べてくれるかもしれないが、実務知識がなければ抽象論に過ぎず、いずれの関係者からも重視されないであろう。

以上の論点を整理し、市民が交通需要予測と向き合う接点と姿勢は、つぎのように要約されるのではないだろうか。

① 予測は、とりわけ予測期間が長くなればなるほど、大きな誤差を含むものである。結果論的に「あたり、はずれ」だけを評価してもあまり意味がない。

② 予測に関する手法や前提、基本的な情報について知識を有すること。

その一方で、予測に携わる側には、つぎの規範が求められるだろう。特に、多くの場合、大きな計画は行政機関によって行われるのであるから、下記の諸点が保証されるように、法律的な手続きを決めておくことが必要である。

③ 計画を決めるプロセス、予測の手法と前提となるデータを公開し、それらの情報を市民が容易にアクセスできる状態に整備しておくこと。

④ 計画の初期の段階から、第三者や外部機関の意見、評価を求めること。

⑤ 事業の実施後に、予測と異なる結果や、社会的に良くない影響（環境面など）が生じたときは、

計画を決めたプロセスを含めて説明責任を負うこと。

●最大の難物――物流

◆市民がトラックを走らせる

自動車の議論では、乗用車すなわち、一般に言われるクルマ（マイカー）を連想することが多いが、貨物の輸送もまた社会と環境に多大な負担を与える。ここで物流についても触れておきたい。大気汚染、騒音、振動など、環境面では大型トラックの影響が大きい。また、ひとたび交通事故を起こすと、車体が大きく重量があるため、相手に与えるダメージが大きくて重大な結果を招きやすいため、一般に大型トラックが迷惑視されているようである。その一方で、トラック輸送がなければ、少なくとも都市の住民は最低限の食料や生活必需品も手に入らない。

日本の食糧自給率が全体に低いことは知られているが、都道府県別のデータ[20]によると、北海道のように自給率（カロリーベース）が一〇〇％以上の都道府県がいくつかある反面で、東京都が一％、大阪府が二％、神奈川県が三％という状態である。残りのすべてを地域の外から運び込まないと、カロリーという最低限の食の要素だけでも満たすことができない。人々が都市に暮らしていること自体が、大量のトラックの走行を不可避的に起こしているのである。貨物輸送を鉄道に転換しようにも、鉄道の貨物輸送はすでに縮小され、受け皿になれない。

日本では、経済の高度成長が終わりを告げるとともに、農村から都市への人口移動がおおむね収束に達して、逆にUターン・Iターンが起きるほどになっている。しかしこの変化は、都市のライフスタイルを農村に持ち帰っている傾向もあり、食糧自給率は低いままに留まっている。

国民一人あたりの CO_2 排出量を、消費項目別に推算したデータ[21]によると、食品の中でも魚介類の消費にともなう CO_2 が最も多い。輸送距離が長く、冷凍、包装などにエネルギーを使うためと推定される。いま私たちは、山の中でも外国産の野菜を買い、あるいは目の前に海があっても、輸入品の冷凍魚介類を疑いもなく買うようになっている。これらもほとんどすべてがトラックで輸送されている。

◆大型トラックは邪魔ものか

実際のところ「市民がトラックを走らせている」といわざるをえない面がある。加藤博和氏（交通工学）は、市民のライフスタイルが、商業を通じて、流通のシステムを決めていることを指摘している。

「一方で、日本を含め全世界的に増大を続けている運輸交通部門の環境負荷を削減するために検討・実施されてきた諸施策は有効な成果を挙げてきたとは言い難い。なぜならば、運輸交通活動の大半は生産・生活活動に伴う派生需要であり、それゆえにライフスタイルや都市構造といった運輸交通部門の外側にある部分と深く関連しているからである。流通・購買活動の場合、商品を購入する小売店舗の選択は、購入者のライフスタイルを反映するものであり、一方でその店舗に商品が届けられるまでの流通経路を暗黙のうちに合わせて選択することになる。結果として、購入者のライフスタイルが流通形態やそれに伴って生じる環境負荷を規定していることになる[22]」

特に大型トラックが、邪魔もの扱いされたり、環境破壊の元凶であるかのように見られるが、実際には、同じ重さの貨物を同じ距離だけ輸送することに対して、トラックを大型化するほど省エネになり、大気汚染も少なくなる。交通事故については、車体が大きくなるほど、歩行者や他の自動車に衝突したときの被害が大きくなるが、かといって二〇トントラック一台に積む貨物を、たとえば四トントラック五台に分けて積んで走ったら、道路が混雑するし、むしろ交通事故の確率も高くなる。

実際の統計を分析してみると、大型貨物車の事故リスク（走行距離あたりの人的被害）は、高速道路では乗用車や小型トラックとおおむね同じだが、一般道路では乗用車や小型トラックのおよそ二分の一になる[23]。大型車はひとたび事故を起こすと被害そのものが大きいので、歩道・自転車道の整備、大型車が走行する車線の区分など、道路側の対策を充実すると共に、運転者の待遇改善を前提とした技能の向上などの対策を講じるべき問題である。しかし、大型車を単に邪魔もの扱いして排除することは、逆効果を招くおそれがある。

表2―2　店舗に対する配送の頻度

		配送頻度	輸送車両
中規模店(500～1500㎡)	東京（スーパー）	3回/日	10～13.7トンのトラック
	パリ市郊外	2回/日	26トンのトラック
小規模店(500㎡以下)	東京（コンビニ）	14回/日	2トン、4トンのトラック
	パリ市内	生鮮食料1回/日 保存食品2～3回/週	3.5トンのトラック
	パリ郊外		10トンのトラック

東京とパリでのヒアリング調査[24]によると、表2―2にみられるように、店舗側の要求によって、配送頻度が増えていると推定される。いわゆるコンビニエンスストアでは、以前より頻度を減らしていると報告されているが、それでもパリと比べると一桁多い回数となっている。また別の指標[25]によると、人口あたりのトラック輸送のトリップ（発生回数）でみて、ロンドン（都市圏）の〇・一三回／人に対して東京が〇・三〇回／人であり、また面積あたりの回数でみて、同じくロンドン（都市圏）の五五〇回／平方kmに対して東京が二六三〇回／平方kmなど、同様の倍率でトラック輸送が多く発生している。

トラックの議論に際しては荷役（貨物の積み降ろし）の問題が忘れられていることが多い。トラック輸送は、最終的に荷役という過程がなければ、駅のない鉄道と同じことであって輸送の意味を持たない。大規模な商業施設や事業所は、あるていど荷役施設を持っているが、小規模な商店や事業所に対しては、どうしても路上荷役が避けられない。この路上荷役は、一見すると交通の邪魔であり、違法駐車と見られる場合もあるが、路上荷役を制限すると、小規模な商店や事業所が成り立たなくなり、我々の日常生活にも大きな制約を受けることになる。

現在、この荷役の負担がトラック運転手にしわ寄せされている。現在、トラックでは一人乗務がほとんどであり、運転手が自分自身で運転した上に、荷役も担当するという大変な負担をしている。それを通じた疲労、焦燥などにより、交通事故にもかなり影響を及ぼしていると推定される。トラック運転者の個人的責任を追及するよりも、むしろ都市内での乗用車の通行を規制したり、複数のトラック事業者が共同配送のネットワークを組むなど、社会全体としてトラックが円滑に走行できる環境を整えることが、交通事故の防止にも役立つのではないだろうか。

注

1 藤井治芳氏（当時・日本道路公団総裁）・藤井彌太郎氏（帝京大学教授）対談「二一世紀に向けたより質の高い道路空間を目指して」『高速道路と自動車』四四巻一号、二〇〇一年、一五頁および二一頁より、藤井彌太郎氏の発言「いよいよ二一世紀に入るわけですが、高速道路のほうも六七〇〇キロメートルくらい供用できて、言い換えればまだ四割くらい残っているということにもなりますが、これを担当しておられる日本道路公団の藤井総裁は、昨年ご就任になったと思いますけれども、最初に、抱負をお聞かせいただきたいと思います」と述べている。

2 井田由美委員（日本テレビ放送網編成局）より「道路公団の民営化法案の国会提出もこれからという今の時期に、今日一回の会議で、全体の七、八割の予算規模の区間を決めてしまうのは、私はいささか性急で、国民への説明責任が果たせるとは思えないのですが、いかがお考えでしょうか」との質問があった。これは委員会の意義、運営方法に関する質問と理解されるが、これに対する回答はなく、提出資料の細部の説明のみで議事が進行された。

3 江崎美枝子「新たな道路計画に必要な手法」『環境技術』三三巻三号、六九頁、二〇〇三年。

4 屋井鉄雄「これからの交通需要予測」『土木学会誌』八八巻七号、二〇〇三年、三七頁。

5 環境省『平成一四年度地球環境研究計画—地球環境研究総合推進費による研究計画—』七五頁、二〇〇二年。

6 GISと微視的交通プロジェクト「地理情報を活用した微視的交通状況の推計可能性の検討（日交研シリーズA—二九八）」日本交通政策研究会、二〇〇一年。

7 道路交通統計の精度プロジェクト「道路交通統計の精度改善手法の開発（日交研シリーズA—二六八）」日本交通政策研究会、一九九九年、同報告「その二」二〇〇〇年など。

8 国土交通省ホームページ「交通需要推計検討資料」（http://www.mlit.go.jp/road/kanren/suikei/juyou.html）

9 前出8

10 伊東大厚・河田浩昭・日本自動車工業会交通統括部「道路構造の改良による沿道環境改善効果の検証」『自動車交通研究・環境と政策』二〇〇一年版、日本交通政策研究会、二八頁。

11 一般道路では交差点、高速道路でも合流路や分岐路による干渉など、多くの要素があって、実際の設計はいろいろな要素がある。

12 第一〇回民営化推進委員会議事録、二〇〇二年八月六日。

13 二〇〇〇年一月に、尼崎公害訴訟の一審判決において、神戸地裁が排出ガスの差止めに関して原告側の請求を認めるとともに、損害賠償の一部も認めた。これを受けて同年一二月に原告と国との間で和解が成立し、国が沿道の環境対策を推進していくことを約束した。

14 共同通信記事、二〇〇四年三月二五日。

15 北村隆一「マイクロシミュレーションによる交通施策の評価・その可能性と実用性」『平成一五年度交通政策審議会交通体系分科会環境部会資料』二〇〇三年一二月二二日、二七頁。

16 第一〇回民営化推進委員会議事録（前出）における川本委員発言。

17 計画・交通研究会NPO研究グループ『都市圏交通計画における非営利組織（NPO）の役割に関する研究』二〇〇一年三月、六五頁。

18 一九九八年に騒音の環境基準が改定され、夜間・新幹線道路に直面する地域では、それまで屋外の基準で考えられていた数字が屋内の基準に変更された。すなわち屋外の騒音レベルが高くても、室内で窓を閉めて騒音が一定以下になればよいとする解釈が採用され、環境基準の改悪であると指摘されている。

19 森住明弘「市民参加のコンサルタント機関の創設を」『月刊廃棄物』一九九九年一一月号、七〇頁。

20「アースデイ二〇〇〇日本」編『地球環境よくなった？』コモンズ、一九九九年、二九頁より小塚知子氏担当。

21 大竹裕之・外岡豊・三浦秀一・阿部成司「HLCE―ヒューマンサイクル排出に関する―家計調査によるCO_2等排出量動向分析」『第一六回エネルギーシステム・経済・環境コンファレンス』講演論文集、二〇〇〇年一月、一二九頁。

22 加藤博和・林良嗣・五藤祐香「消費者の購買行動が流通構造を通して環境に与える影響の分析手法」土木学会『第三〇回環境システム研究論文発表会講演集』二〇〇二年一〇月、一一頁。

23 谷口栄一・長谷川金一・今西芳一「貨物車の交通事故リスクの評価」『交通工学』三八巻六号、二〇〇三年、六一頁。
24 鮫島寛「東京では貨物車が多い要因と道路政策への課題」『交通工学』三八巻六号、二〇〇三年、二八頁。
25 苦瀬博仁「物流からみた脱自動車都市のゆくえ」『早稲田大学まちづくりシンポジウム二〇〇〇』(同シンポジウム実行委員会主催、早稲田都市フォーラムほか共催)一三四頁、二〇〇〇年七月。

第三章　評価の指標

●「要・不要」とは何か

◆高速道路の新直轄方式

これまでの高速道路は、料金収入で建設し維持することになっており、財源の不足分を借入金によっているために累積債務が問題になっている一方で、道路特定財源の投入比率はごく少ない。ここが「ふつうの道路」と異なる点である。しかし、ここ数年の四公団民営化問題で議論された結果、採算性が見込めない一部の路線について「新直轄方式」が採用されることになった。この制度は事業費を税金で負担する方式である。この方式自体に対する賛否はともかくとして、どの路線が新直轄方式に該当するかを選定するために図3—1のような評価フローが示されている。

ここで注目すべきは、図の第一の段階で、社会的便益と費用を評価し社会的便益が費用を下回る、すなわちB／C[1]（便益・Benefit を費用・Cost で除した値）が一・〇以下の事業については見直し（必ずしも中止とは言っていないが）というステップが設けられたことである。もちろんここで、実際の運用上ではさまざまな状況から例外が設けられ、いわゆる政治的決着といった要素も考えられる。かりにそうであっても、決定過程がすべて国民に対してブラックボックスで結果のみを知らされる状態と比較すれば、少なくとも数値的な基準が公開されていることによって、その順位の低いものがなぜ採択されるのか、といった社会的な評価の手がかりとして重要な情報になる。

民営化委員会の議論の過程で、道東自動車道がたびたび「無駄な」道路の例としてマスコミで紹介されたが、道東自動車道に全く何の便益もないというわけではなく、「都市高速道路や、幹線系の高速道路に比べれば、交通量が非常に少ない」という定性的事実が示されただけである。これに対して、定量的な基準を与える数値がB／Cである。また路線そのものの要否の他に、六車線（片側三車線）にすべきか、四車線で間に合うか、もっと低規格にしても良いのか、あるいは通常イメージされる高速道路でなく、一般道の自動車専用化でも良いのかなど、さまざまな条件を判断しなければならない。

図３―１　高速道路の評価フロー

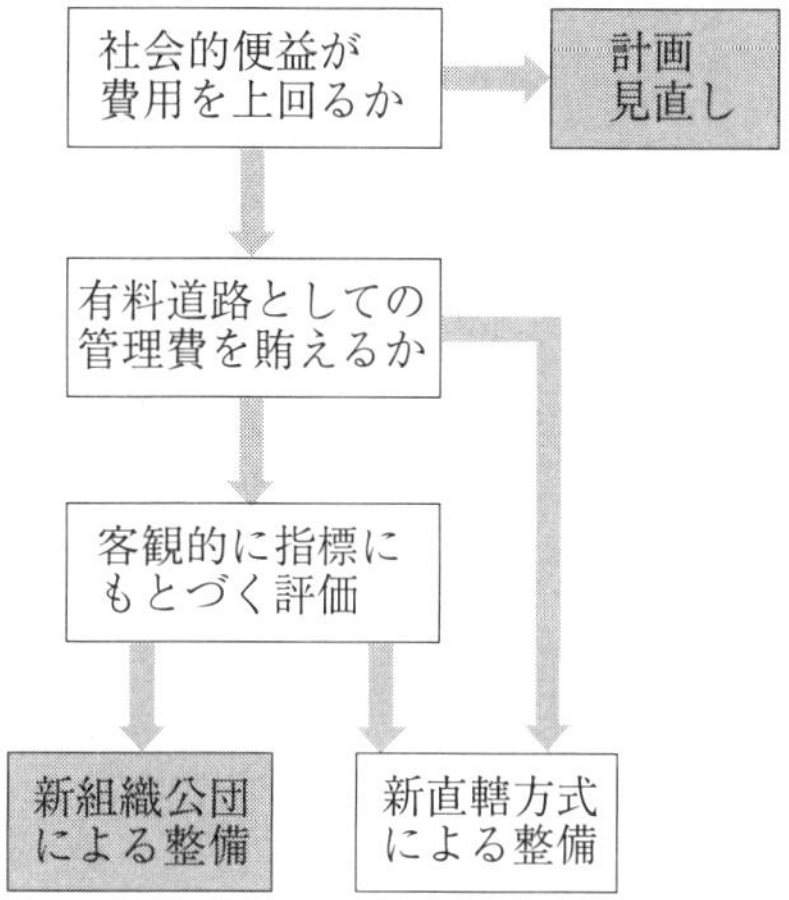

◆社会的費用・便益を考える意義

一般道路が「無料」だからといって建設費まで無料であるはずがなく、必ず費用がかかっている。むしろ、有料道路はその建設費が料金収入によって補填されている変型ケースにすぎないと考えたほうがわかりやすい。その一方で、便益の裏には必ず費用が伴う。程度の大小はあれ、道路を自動車が通行することによって、排気ガスや騒音が発生するし、もともと人工物が存在しなかった自然の中に道路を建設すれば、何らかの自然破壊や景観妨害が生じる。

B／Cは、単に高速道路を作るか作らないかの議論にとどまらず、広く道路事業全体を評価するにあたって、また道路にかぎらず鉄道・空港・港湾など交通インフラ整備を評価するにあたって、重要な論点を提供する。したがって交通に関心を持つ人々は、便益や費用というものが、具体的にどのような数値として計算されるのかに関心を持つはずである。一方で、その計算や前提条件が妥当でなければ、B／Cの結果も信用できないことになる。

たいていの道路利用者（運転者）は、燃料代・有料道路料金・時間損失のみを自動車にかかわる費用として意識しているのではないだろうか。しかし、そうした利用者の側からの評価だけでは、道路を際限なく作れば作るほど社会的に望ましいという結論になってしまう。また公共事業全体について、その有効性や効率性が厳しく問われるようになり、新規事業の採否や、実施中の事業を見直すとともにB／Cを公開する試みもなされている。

こうした動きの中で、必ずしもB／Cのみが理由ではないものの、ダム関係を中心に事業が中止された事例も出ている。最近は国土交通省のホームページ[2]でも概要を知ることができるほか、資料としても刊行[3]されている。ただし、こうした資料を閲覧しても、最終的なB／Cが単独の数字として示されているのみで、どのような条件で算出したか、基礎となるデータはどのようなものか、詳細には知ることができない。そこで本章では、評価の具体的な手順[4]の一端や基礎数値を紹介すると共に、その問題点や限界も指摘する。道路と自動車交通の影響を数量化することは、道路をめぐる多くの議論で必要となる。

Ｂ／Ｃと関連の深い用語として、道路事業で「アウトプット」と「アウトカム」という言葉が最近はよく聞かれるようになった。アウトプットとは、「今年度は道路を○○km整備した」といった事業量の指標である。しかし、人々が求めているのは、道路という物体そのものではなく、道路を利用して得られるさまざまな便益である。公共事業全般に対する見方が厳しくなってきたこともあって、事業量だけの評価では、事業の成果の指標として不十分ではないかという反省が起きてきた。

そこで、道路整備により産み出された便益による人々の満足度の向上こそ、最終の目標であるべきだという観点から、アウトカムすなわち「渋滞がこれだけ解消された」「交通事故や道路公害がこれだけ減った」という指標が注目されるようになった。言われてみればごく当然のことであるが、実のところ、従来こうした側面での評価は不十分であった。アウトカムについても、数値化が可能な項目については、できるだけ数値化して評価すべきである。数値化のための手法は、Ｂ／Ｃにおける計算方法と共通点が多い。

なお費用・便益分析は、あくまでも事業の評価にあたっての一つの要素にすぎないという点に注意する必要がある。たとえば道路の場合、単に便益の大きさだけを評価の基準にすれば、自動車交通量が多ければ多いほど、便益が大きいという結果になる。また、ある道路で最大の交通量が流せる速度（「臨界速度」と呼ばれる）は、渋滞寸前の時速一五kmていどであるが、もし費用対効果だけを重視して、最小の費用で最大の交通量を流そうと思えば、そのようなサービス水準になるような設計が望ましいことになる。しかしこれでは、道路利用者にとって最適な状態とは言えないであろう。

◆注目する要素

表3—1は、『道路投資の評価に関する指針（案）』に掲載されている表を簡略化したものである。簡略化といえども多数の項目と関係者がかかわり、道路をめぐって複雑な利害関係が構成されていることが示されている。ここで、表のそれぞれの項目が交わったところで、＋（プラス）記号は便益、－（マイナス）記号は費用（損失）を示す。一例を挙げると、道路の整備によって渋滞が緩和されたり、道路の規格が向上して、それまでより速く移動できるようになったとすると、道路利用者すなわち運転者にとって利益であるから、「＋」が記入されている。

また別の項目として道路事業者についていて一連の項目をたどってみると、有料道路なら料金収入があるが、大多数の普通の道路ではそのような収入は存在しない。また建設・維持費は必ず必要である。自治体が実施する道路整備事業では、補助金がある場合もあるし、ない場合（単独事業）もあるが、いずれにしても費用がかかるので「－」が記入されている。そのほかの項目も、同様に解釈することができる。

最も広域にわたる影響として「世界」という項目もある。渋滞が解消されたことによって、その道路を通過する自動車全体の燃費が良くなれば、その道路から発生するCO_2が減少し、地球環境の保全にとってプラスである。しかし逆に、渋滞が緩和されたことによって、周辺から整備前より

表3―1　道路の費用と便益の帰着

				道路事業者	道路利用者	歩行者	生活者	生産者	道路占有者	土地所有者	公共	世界
直接効果	道路利用	道路利用	走行時間短縮		＋							
			走行費用減少		＋							
			交通事故減少		＋							
			走行快適性の向上		＋							
			歩行の安全・快適性の向上			＋						
			利用料負担									
	沿道地域社会	環境	大気汚染				＋	＋				
			騒音				＋	＋				
			景観	±	±	±						
			生態系									±
			エネルギー（地球環境）									±
		住民生活	道路空間の利用				＋					
			災害時の代替路確保				＋					
間接効果			生活機会・交流機会の拡大				＋					
			公共サービスの向上				＋					
			人口の安定化				＋					
		地域経済	新規立地に伴う生産増加									
			雇用・所得増大									
			財・サービス価格低下					－				
			資産価値の上					－		＋		
	公共部門	財政	公共施設整備費用の節減					－			＋	
		租税収入	地方税					－			＋	
			国税					－			＋	
		公的助成	補助金	＋							－	
			出資金	＋							－	
事業収支		収入	利用料収入	＋								
		事業費	建設費	－								
			維持管理費	－								

も多くの自動車が流入してくる可能性もある。あるいは、交差点の改良など、局部的に渋滞が緩和されても、ある地域全体としてみると、結局のところ同じ交通量が流れていることは同じなので、渋滞箇所が別のところに移動するだけという現象も実際によく観察される。これらについては本書の別の場所で触れるが、この表では、ごく大まかな便益・費用関係を示していると理解願いたい。

◆社会的割引率

費用の推計にあたって注意すべきポイントとして「社会的割引率」の設定がある。道路は数十年間にわたって利用するインフラである。戦前の技術で建設されたビルがまだ使用に耐えている例が珍しくないから、おそらく物理的な耐用年数は（外観の劣化は別として）一〇〇年を超えると思われ、本当にどのくらいで物理的に壊れるのか不明である。しかし、費用・便益の分析にあたっては「評価期間」を設定する必要がある。道路のような土木構造物では、三〇～五〇年という長さになる。

そこで割引率という数字が必要になる。現在の一万円は、もし社会全体の金利が四パーセントで続くと仮定すると四〇年後には二〇八〇円に目減りすることになる。このため耐用年数が長い公共施設では、現在の価格を、将来価値で補正する必要がある。簡単な例題として、社会的割引率が四パーセントのとき、ある有料道路事業で一〇〇〇億円を最初に投資して建設し、その後四〇年にわたって毎年一〇〇億円ずつ収入が予定されるとすると、その事業の現在価値は九七九億円と評価される。実際には、建設期間が数年あるいはそれ以上にわたり（その間収入がない）、投資額も毎年均等でなく、また収入の側も交通量の伸びの予測にしたがって変動するなど、さまざまな要素を含んだ値が算出される。

ただしこの割引率は、理論的には計算できたとしても、実際の数字は将来になってみなければわからない。また数十年のうちに社会的な状況はかならず変動すると考えられるが、かといって、いつからどうなるか、それを誰も確定的に予測することができない。このため、かなり恣意的にならざるをえない面もあるが、いま一般的に合意されている方法として、国内の事業であれば日銀統計の貸出平均金利の過去の平均値（四パーセント）などとする設定が一般的である。

◆ドイツのＲＡＳ―Ｗについて

ドイツでは、財政の基本原則を定める法律によって、連邦予算を支出する交通投資に対しては、表３―２に示すようなＲＡＳ―Ｗと呼ばれる交通投資評価指針を用いた経済・財務分析の実施が法的に義務づけられている。結果は議会へ提出されるため、おのずと国民にも公開されることになる。この評価は、道路だけでなく鉄道、水運の各部門に適用される包括的な評価方法である。計算の詳細な内容も請求すれば公開されることになっているが、評価項目の概要を示すと次のようになる。[5]

この内容は、一見すると日本でも行われている費用・便益分析と類似のようであるが、便益を地域ごとに重みづけする係数を設定している点が注目すべき特徴として挙げられる。東西ドイツの統合による地域間格差の是正という、特有の事情もあって、たとえば失業の多い地域では、雇用促進効果が大きく評価されるなど、地域ごとの係数が与えられている。どれだけ客観的に適正な係数を算出できるのかという理論的な制約はあるものの、政治的力学によって事業の採否がブラックボックスで左右されやすい日本のシステムに比べると、一定の客観性が認められるといえよう。また計算の手法として、厳密な方法から一定の簡略化した方法まで、実用的にいくつかの手法が選べるために、事業の規模や地域によって、応用範囲が広いことも特徴である。

◆日本での評価項目

表3―1の費用と便益の帰着表には多数の項目が示されており、また研究的にもさまざまな指標の織り込みが提案されている。またRAS―Wのように海外事例もある。これに対して、日本の現在の『道路投資の評価に関する指針（案）』[6]で推計の対象となっている項目、および条件は表3―3のとおり部分的にとどまっている。といっても、取り上げられている項目だけでも、具体的な事例に対して妥当な数字を算出するには複雑な過程があり、前提のおき方によって数字が異なってくる。したがって、単に結果として示された数字のみを見るだけでなく、その算出経緯を知っておく必要がある。

①―（i）の走行時間の便益は、道路整備によって走行時間が節約される分の経済価値である。これは細かくみると平日と休日で異なる。また①―（ii）の走行費用の便益は、燃料費の節約、オイル・タイヤ・チューブの減耗の節約である。燃料費の節約については、たいていの自動車が時速

表3—2　ドイツのＲＡＳ—W評価

プロジェクト便益	① 交通費用の削減（輸送手段の固定費用・運転費用の削減）
	② 交通施設の維持費用削減
	③ 交通安全性への寄与（交通事故の件数・重大性の減少による費用低減）
	④ アクセス性の改善（中心地域・業務地域・レクリエーション地域への旅行時間の節約）
	⑤ 空間的効果（構造的失業者および潜在者のマクロ経済的利用）
	⑥ 環境に関する効果（交通路によりもたらされる交通騒音・排気ガス・地域分断の減少、マイナスの価値をもたらす付加的マイナス効果
投資費用	建設費・土地代・補償金・騒音対策費および自然・景観へのマイナス効果の削減費
まとめ	年間当たりの便益・費用差
	年間当たりの便益・費用比率

表3—3　道路投資の評価指針の評価項目

社会的割引率		4パーセント	
評価対象期間		建設期間プラス40年間	
基準年次		評価を行う現時点	
計測項目	便益項目	① 利用者便益	①—（i）走行時間
			①—（ii）走行費用
		② 交通事故減少便益	
		③ 環境改善便益	③—（i）大気汚染
			③—（ii）騒音
			③—（iii）地球温暖化
	費用項目	事業費	
		維持管理費	

六〇km／時前後で最も効率よく走れるように設計されているところから、時速六〇km／時前後に最小値があり、その前後で増加するU字型（船底型）の曲線であらわされる。

②の交通事故は、同じ交通量に対して、道路の規格が高いほど（たとえば中央分離帯があるなど）事故が少なく、逆に交差点が多いと事故が多くなる、といった要素から決められる。ここで、交通事故を経済価値に換算するために人命や傷害の「値段」はいくらか、というむずかしい問題を経由しなければならいが、これについては後述する。なお『道路投資の評価に関する指針（案）』では、歩道の有無は検討の対象になっていない。

③は環境にかかわる項目で、③―（i）の大気汚染、③―（ii）の騒音、③―（iii）の地球温暖化は、いずれも自動車を発生源として、大気を媒介として人間に被害を及ぼす現象である。一見似たように思われるが、それぞれ性質が異なるため計算方法も異なる。たとえば大気汚染については、人間に対して健康の被害をもたらすが、同じ量の大気汚染物質が排出されたときに、それが人口の密集した市街地であるか、ほとんど人が住んでいない山間部であるかによって、人間が影響をこうむる度合いが大きく異なる。

これに対して温暖化では、どこで排出されたCO_2であるかにかかわりなく、また人口の分布とも関係なく、地球規模で同じ影響を有する。交通量が増えれば、それに比例して環境関係の費用が大きくなる方向になるが、一方で道路整備による走行速度の向上によって、自動車一台あたりのCO_2や大気汚染物質は減少するので、費用は小さくなる方向になる。このような影響を総合した結果が、費用として計算される。次節以降で具体的にそれぞれの値を検討してみよう。

●具体的な便益と費用の算出

◆走行時間の節約（①―（i）の項目）

道路に自動車が増えてくることによって、移動に時間がかかるようになり、その分の時間価値が失われる。あらたな道路の整備によって時間が短縮されると、それが道路の便益として評価される。経済学的には「機会費用」、すなわちその時間をもし他のことに使ったならば、得られるであろう利益という解釈がなされる。『道路投資の評価に関する指針（案）』では、時間あたりの勤労者の賃金と、自動車の平均乗車人員から、一分・一台あたりの時間価値として、乗用車で五六円／分、バスで四九六円／分等と算定している。[7] また、交通需要予測のシミュレーションでは七六円／分といった数字もみられる。[8]

東京都のロードプライシング検討会の資料[9]によると、時間あたりでなく距離あたりで、一八〜三六円／台kmとしている。実際問題として、B／Cの計算にあたって、時間価値が大きな影響を及ぼすことが多い。道路整備の必要性としてよく宣伝されるように、渋滞による時間損失が、首都圏全体で何兆円といった数字も、この時間価値をもとに、ある地域全体で集計した数字として示される。ただし、このように重大な数値でありながら、実のところ恣意的な数字になりやすいことも知っておく必要がある。

単純に考えても、時間の価値は「人によって異なる」とも言える。また業務と私用の差、昼と夜の差などという問題もある。高速道路の利用者を予測するときに、平日は業務車が多く休日は自家用車が多いという実態は観察されるが、それを事前に数量的に予測するとなると、なかなかむずかしい問題である。業務と私用、昼と夜で、時間の経済価値はいずれが高いであろうか。これも人によって異なるかもしれない。このように、現実をどこまであらわしているかという問題が指摘されながらも、他に有効な指標も見出せないため、現在の交通モデルでは、人による時間価値の差を考えず、一律の数字を用いて計算している。

さらに、たとえばサラリーマンの場合、渋滞が解消されて時間が浮いたからといって、その時間で副業をするわけでもないし賃金が増えるわけでもなく、浮いた時間を何に使っているのか、という疑問も指摘されるだろう。ある調査によると、浮いた時間の九割は家庭内の諸事に費やされているという。[10] あるいは、朝方にいままでよりも遅くまで寝ていられると考える人もいるであろう。これでは、渋滞解消や高速道路の経済価値を、単に時間あたりの賃金で評価して計算した結果が妥当なのかという疑問も残る。時間あたりの賃金や残業手当といった感覚を持たない自営業の人などにとっても、あまり意味のない数字であるかもしれない。

さらに重要な問題は、どの道路にどれだけの自動車が通行するかを計算する「交通量配分計算」[11]において、この数字が大きな影響を及ぼすことである。単純なモデルで説明すると、A地点とB地点があり、在来の道路があったところに、並行して有料の高速道路が建設されるとする。どちらの道路にどれだけ自動車が通行するかを予測する場合、もし高速道路が有料であれば、高速道路料金を払ってでも、それに相当する時間を節約したい人が高速道路を利用することになる。このような場合、現在の交通モデルでは、人による時間価値の差は考えず、一律の数字を用いて交通量の配分を計算している。

交通量の配分計算は、ある地域に新しく道路を作る場合に、その道路の整備によって、他の道路の渋滞がどれだけ解消されるのか、あるいは新しく作る道路から、どのくらいの大気汚染物質、CO_2、騒音が発生するかなど、道路計画の基本にかかわる重大な根拠となるにもかかわらず、これまで述べたように、多くの不確定要素を含む数字である。したがって、事業者の側から「道路の整備によってこれだけの効果が予測される」と説明されたとしても、それが唯一絶対の結果ではないことに注意する必要がある。

◆走行費用の節約（①—（ⅱ）の項目）

道路の整備によって車の流れがスムースになり、燃費が向上する効果が、走行費用の節約である。自動車ユーザーの経験的な知識として、渋滞した市街地より、郊外や高速道路を走ったほうが「燃費が良い」ということは知られていると思うが、具体的は模擬走行装置を用いて、さまざまな平均速度に対しての燃費が測定されている。測定データとして、環境省によるもの、東京都によるもの、旧建設省土木研究所によるもの、等が提案されているが、おおむね同じデータである。自動車の走

図3—2　走行速度と燃料消費量

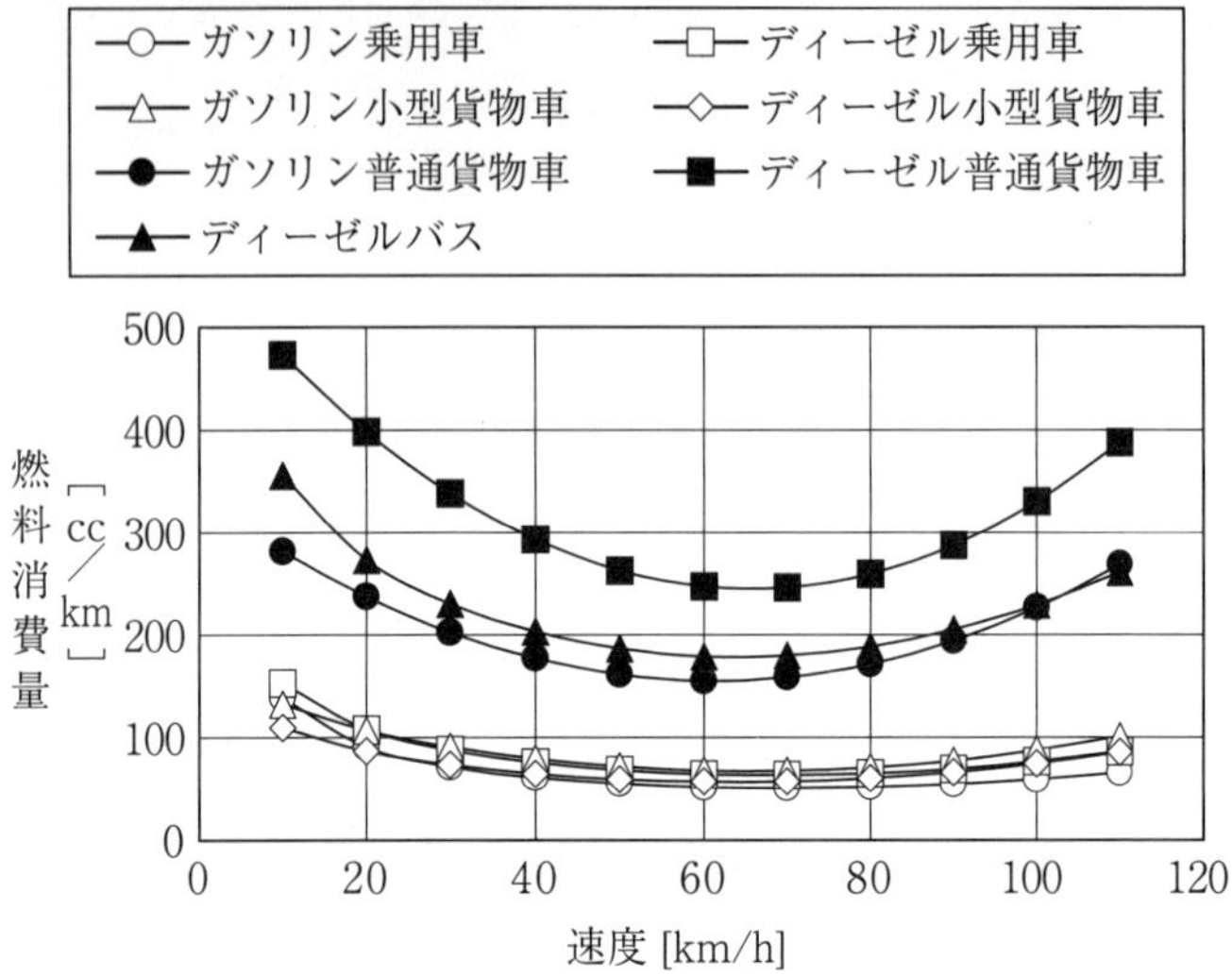

行一kmあたり、平均走行速度と燃料消費量の関係が図3—2である。[12]なおこの曲線は、車種ごとの平均値として示している。実際の路上では、同じ乗用車といってもさまざまな形式・年式の車両が混ざっているが、燃費の良い自動車の割合が増えてくれば、長期的にはこの曲線が変化してくる。

どの車種も、六〇～七〇km／時の速度で走行した時が最も燃費が良いが、それより速度が下がるか、上がると、走行距離あたりの燃料消費量が増える。特に速度が遅い二〇km／時以下では、増加が急激になる。この関係から、道路整備によって渋滞を解消することによる燃費改善効果が大きいという関係が示される。この図では燃料消費量の増減の関係を示しているが、NO_xやPMなど、後述する大気汚染物質と、速度の関係についても、排出量の単位が異なるものの、よく似た関係がみられ、道路整備による大気汚染効果の改善も説明される。

また、道路整備によるタイヤとチューブの費用の節約は、舗装されていない道路を舗装することによる、タイヤとチューブの損耗の減少が主に計上されるが、最近は道路の舗装率が向上しているため、あまり大きな数字にはならない。

◆交通事故減少の価値（②の項目）

『道路投資の評価に関する指針（案）』により、自動車走行kmあたりの数字を示す。交通量、交差点の数、車線の数、中央分離帯の有無の条件により、それぞれ係数を用いて計算する方法である。たとえば、交差点は交通事故が多発する要素であるから、統計的に交差点一カ所あたり何件の事故が発生し、その被害金額がいくらという係数を求めて計算する。例として、平均的な国道級の道路（交通量・二万五〇〇〇台／日）で、一kmあたり交差点の数を五カ所と仮定すると、指針の計算式により次のような費用となる。同じ台数でも大型車と乗用車で危険度が異なるなどの要素もあるが、ここでは平均の値として示されている。平均的な一般国道の数字をあてはめて計算すると、表3―4のようになる。

ここで、交通事故減少の便益を経済価値であらわそうとする際には、「人命や健康は、金額としていくらに評価されるか」という議論が必要となる。困難ではあるが、この過程を経ないと、政治的、

表3—4　道路投資の評価指針の評価項

条件	道路の構造	交通事故の社会的費用（円／台km）
人口密集地	4車線で分離帯あり	11.8
	4車線で分離帯なし	10.6
その他市街部	4車線で分離帯あり	9.9
	4車線で分離帯なし	9.3

経済的な意思決定のメカニズムに、人命や健康の価値が組み込まれない。ときに、人命や健康を経済価値であらわすことについて倫理的な問題を指摘する意見があるが、これは、交通事故（そのほか自動車がもたらす有害性）による被害者への配慮と、有害性そのものの防止対策とを混同した誤解であり、全く別の議論である。

費用・便益の議論における人命や健康の値段とは、それを払うことによって、被害者の人命や健康を贖うとか、免罪されるという意味ではない。人命や健康が失われることを未然に防止し、そのリスクを低減させるために、人々がどれだけ負担する意思があるかを示す指標と解釈すべきであろう。アンケートや統計など、各種の調査から人々の意思を集約してゆくと、EUの社会的費用プロジェクトの試算では生命の価値に対して三億四〇〇〇万円[13]、UIC（世界鉄道連合）の試算では、同じく一億六五〇〇万円、重傷に対して二二〇〇万円、軽傷に対して一六五万円[14]といった、統計的な意味での生命や健康の価値が求められる。

◆大気汚染の考え方（③—（ⅰ）の項目）

大気汚染による人命・健康の被害は、経済価値でみると交通事故を

図3―3　大気汚染の社会的費用の算出

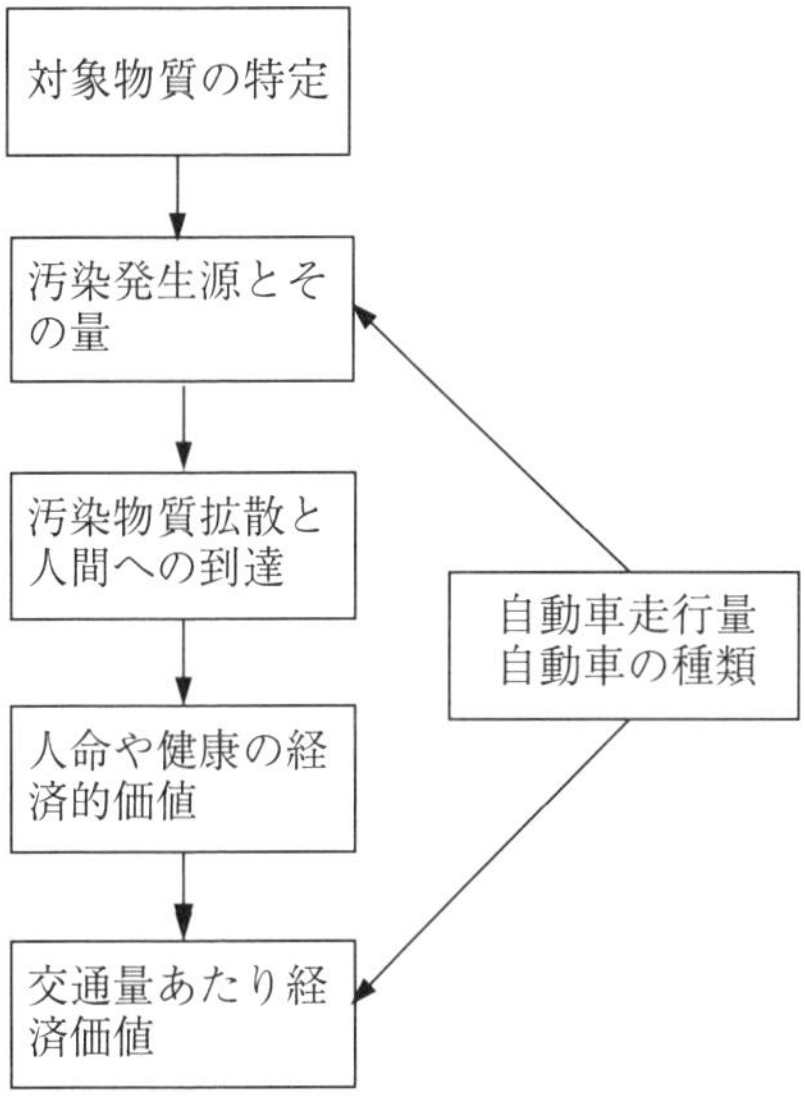

上回るとの研究[15]もある。大気汚染は、自動車から排出された汚染物質が、大気を媒介として広域に人間に被害を及ぼす現象であるから、交通事故と異なって特定の加害者と被害者が対応していない。この性質から、大気汚染の経済的評価には図3―3のように段階的な過程を必要とする。第一のステップとして、どの汚染物質に注目するかを特定する必要がある。一般に自動車から排出される大気汚染物質としてNO_x（窒素酸化物）とＰＭ（粒子状物質）がこれまで主に注目されてきたが、その他にも、燃料系統から漏洩するＨＣ（炭化水素）、排気ガス中のアルデヒドなど、さまざまな有害物質が存在する。

しかし現状では、ＨＣやアルデヒドについては、発生量そのものも正確に把握されておらず、人間の健康への影響も数量化されていないため、自動車に起因する汚染の全体像は明確でない。このため『道路投資の評価に関する指針（案）』では、代表物質としてNO_x（窒素酸化物）の量で評価している。しかしＰＭのほうがより有害性が高いという指摘もある。現状の評価指針で取り上げられているのは、自動車交通に起因する多岐にわたる大気汚染のうち、ごく一部にすぎないという点に注意する必要がある。ただし実際の現象面では、たとえばNO_xの総量削減のために自動車交通の規制を行うとすれば、その他の汚染物質（ＰＭ・粒子状物質）の総量削減にも有効と考えられる。解明されていない点があるからといっても、できるところから対策を講じるべきであろう。

第二のステップとして、汚染発生源、つまりある区間の道路を走行する自動車から、量としてどのくらい汚染物質が発生するのかを推定する。発生量は、道路を走行する自動車が多いほど増加することは当然であるが、そのほかに、ディーゼル車のほうがガソリン車より多くの汚染物質を発生すること、さらに重量車ほど汚染物質が多くなることから、単に台数でなく、どのような車種が含まれているかが問題となる。さらに、排出量は自動車の走行速度によって影響される。前述のように時速六〇㎞／時前後に最小値があり、その前後では増加する。同時にこの速度は、自動車の走行台数によって影響される（渋滞か空いているか）から、双方の数字が影響を及ぼしあう。

第三のステップとして、発生した汚染物質がどれだけ人間に到達するかという関係を考慮する必要がある。もし、ある道路が人口密集地を通っていれば、同じ量の汚染物質が自動車から排出されても、それによって影響をこうむる人が多くなる。逆に道路が山間部を通っているだけであれば、生態系への影響は別として、人間への影響は相対的に少ないことになる。それとともに、人間への影響は道路からの距離によっても左右される。道路の近くは汚染物質の濃度が高く、道路から遠ざかるに従って汚染物質の濃度は低くなる。ただし、単一の道路についてはそのとおりであるが、現実の都市では、人口密集地の中を交通量の多い幹線道路が縦横に通っている状態が少なくないため、複数の道路からの影響が重なって面的な汚染が発生する。

第四のステップとして、ある汚染物質の濃度に対して、一定の人口（たとえば一〇万人）あたり、大気汚染によって何人に人命・健康の被害が発生するかを統計的に調査する。その被害に対して、交通事故の場合と同様に、人命・健康の費用を計算して、逆に大気汚染物質の発生量に対して、その費用が求められる。『道路投資の評価に関する指針（案）』では、人口密集地に対して二九二万円／トン、その他市街部について五八万円／トン等の数字が推定されている。また、自動車の種類（ガソリンかディーゼルか、小型か普通か）によって汚染物質の排出量が異なるから、それぞれの車種が、一㎞あたりの走行でどれだけ汚染物質を排出するかに応じて、車種ごとの費用も決められる。

◆騒音（③―（ⅱ）の項目）

騒音については、道路の整備により二つの相反した影響が考えられる。一つは、渋滞のために発進・停止が繰り返されたり、停止に至らないまでも速度の乱れが大きくなると、加速時の騒音が大きくなる。この観点からは、渋滞解消で騒音低下の効果が期待されるが、逆に走行速度が増すと騒音が大きくなるという関係もある。また渋滞解消によって、従来より多くの交通量が流入してくると、当然ながら騒音も増加する。実際にどうなるかは、具体的な場所と条件によってシミュレーションしたり、過去の事例を分析して評価することになる。また大気汚染と同様に、ある自動車から同じ大きさの音が発生しても、沿道にどれだけの人が居住しているかによって、被害をこうむる人の数が異なり、費用の評価も異なってくる。

温暖化や大気汚染であれば、同じ車種が同じ条件で走るとすれば、全体の排出量を算出するには台数をかければよい。これに対して騒音は、かならずしも台数の比例計算にならないので、「一台km あたり」の数字を出すことがむずかしい。騒音に関する社会的費用の評価では、たいてい道路全体としての、交通量が集積した状態の騒音を、一定の方法で推算して、その影響を経済価値に換算している。

騒音の経済評価を大別すると、いわゆる「迷惑料（生活妨害）」的な考え方と、不動産の価値低下（法律的には財産権の侵害）という二つの流れがある。[16] 生活妨害としての評価の例では、各種の騒音に関する訴訟での損害賠償の額から、一定の目安が得られている。文献によると、[17] 道路交通騒音に対して、国道四三号線訴訟の例などから、一人・一年あたりの額は騒音レベル（Ｌｅｑ（ｄＢＡ[18]））に対して表3—5のような値が得られている。

もちろん、迷惑料さえ出せば、その後も騒音を出しつづけてよいというものではなく、物理的な対策を合わせて講ずる必要がある。騒音被害にかぎらず、損害賠償とは、それで相手の苦痛を買ったという解釈をすべきではなく、それにより原因者や管理者（道路など）の社会的な責任を明確にし、あるいは対策を怠ったことに対するペナルティを課して、恒久的な対策を講ずる推進力とすることに重要な意義がある。

もう一方の不動産の価値低下の評価の例としては、中古マンションの値付けマニュアルによって、周辺の騒音が価格低下の大きな要素とみなされていることから、費用に変換する考え方がある。価格を左右する要因として、駅へのアクセス、日照など一八の項目に対して、加点・減点法で査定されるが、屋外騒音レベルが四〇dB（A）をマイナス三点、五〇dB（A）をマイナス五点、六〇dB（A）をマイナス一〇点などとしている。他の項目と比較すると、最も高い評価として、最寄の鉄道駅まで一〇〇m以内ならプラス一〇点、最も悪い評価として、築後二一年がマイナス二一点などがある。これらと比較すると、騒音は不動産価格に対してかなり敏感に影響することがわかる。

なおこれまで、騒音に関して国内全体にわたる普遍的な社会的費用の推計はなされていなかったが、最近、兒山真也氏による推計が報告されている。[19]これは、道路種別に沿道の住民の曝露人口（どのくらいの割合の人が、どのレベルの騒音にさらされるか）を考慮した推計である。

表３―５　騒音レベルと年間損害額

騒音レベル	年間損害額
60 ～ 65 デシベル	72,000 円
65 ～ 70 デシベル	96,000 円
70 ～ 75 デシベル	120,000 円

◆地球温暖化の世界的被害（③―（ⅲ）の項目）

CO_2は自動車のみから排出されるのではなく、発電、産業、私たちの家庭などいろいろな発生源がある。自動車からの排気ガスに起因する現象であるが、大気汚染とは異なって、どこから排出されたCO_2であっても、同じ量のCO_2は地球温暖化に対して同じ影響をもたらす。

このような性格をもつCO_2の費用は、次のような手順で算出される。温暖化にともなう被害として、海面の上昇による居住地の損失、経済的被害、農作物の生産に対する被害、生態系の変化などがある。地球規模での経済的な損害には、たとえば海外の研究者による試算として、表3―6のような数字がある。[20] ただし研究者によって、どのような項目を被害として計上（除外）するのかが異なるため、数字は一致しない。

一方で、大気中のCO_2の濃度がどのくらい増えると、気温がどのくらい上昇するかという関係については、別個に理工学的なシミュレーションから推定される。さらに気温の上昇で海面がどのくらい上昇したり、あるいは農作物にどのくらいダメージがあるか、といったような関係も、それに関連する理工学面のさまざまな知識を動員して計算される。計算の過程でいろいろな要素が含まれ、多くの仮定を設けなければならないので、いろいろな結論になりうる。

こうしてCO_2に関して、その排出一トン[21]あたりの費用がいくらになるかを求める。その試算例として、EUでは主として発電方式（石油、石炭、原子力、そのほか更新性エネルギー）の選択のために「ExternE」[22]という大がかりなプロジェクトを実施し、各所で引用されている。また他の研究による値も示す[23]。CO_2が温暖化にもたらす作用は、自動車からのCO_2でも同じだから、この数字は自動車の社会的費用の計算にも適用できる。

なお地球の温暖化をもたらす物質（温室効果ガス）には、CO_2のほかにメタン（CH_4）、亜酸化窒素（N_2O）、フロン（カーエアコンに使用）もあり、それらも前述の方法と同様の経路で、表3―7のように費用が求められる。N_2Oは、自動車との関連では、ガソリンエンジンからの窒素酸化物（NO_x）を、排気ガス浄化装置に通して分解する時に生成される。大気汚染防止のためにはN

表3—6　地球レベルの温暖化被害額

米国内の被害について (1米ドルを120円として)	
ファンクハウザー(1993年)	7兆6920億円
クライン(1992年)	6兆4200億円
ノードハウス(1991年)	5兆8320億円

全世界の被害について	
フランクハウザー(1993年)	
ＥＣ	7兆8720億円
米国	7兆6920億円
旧ソ連	2兆0160億円
中国	2兆5920億円
ＯＥＣＤ諸国	21兆8520億円
世界合計	34兆2240億円

表3—7　温室効果ガス

ExternEによる温暖化ガス損害コスト	
CO_2（炭素換算）	8,140～25,300円/トン
メタン	40,700～78,100円/トン
亜酸化窒素	748,000～3,960,000円/トン
(原資料でEU/トンの表示を、1EU＝110円として換算)	

Tol及びDowinigによる温暖化ガス損害コスト		
	Tolの推算	Dowinigの推算
CO_2（炭素換算）	18,700円/トン	17,600円/トン
メタン	57,200円/トン	44,000円/トン
亜酸化窒素	1,870,000円/トン	2,860,000円/トン
(原資料でEU/トンの表示を、1EU＝110円として換算)		

O_xを分解して処理する必要があるが、それは同時に地球温暖化物質であるN$_2$Oを生成することにつながる。ただし自動車に関しては、CH$_4$とN$_2$Oの量的な影響の比率は小さいので、主にはCO$_2$とフロンに注目すればよい。

これを、自動車の走行一kmあたりのコストに換算すると、日本の『道路投資の評価に関する指針（案）』により、一台kmあたりのCO$_2$に関する社会的費用を求めると、〇・二円／台kmとされている。ただし同指針で採用されているCO$_2$の費用は、二三〇〇円／トン炭素（六二八円／トンCO$_2$）であるが、欧米で採用されている数字に対しておよそ一桁小さい。どこで排出したCO$_2$でも温暖化に対して同じ影響を持つことを考慮すると、過少な評価であるように思われる。もしEUのExternEの数字（八一四〇～二万五三〇〇円／炭素トン）を適用すると、一・六～三・六円／kmとなる。

●事例から考える

◆都市高速道路の外部費用

ここで、一般に知名度の高い首都高速道路と阪神高速道路について、『道路投資の評価に関する指針（案）』の数字を適用して、現状で発生している外部費用を具体的に計算してみよう。同指針で採用されている項目は、交通事故・大気汚染（NO_xを代表指標とする）・騒音・地球温暖化である。

結果は表3—8に示すとおりであり、巨額の外部費用が発生していることがわかる。首都・阪神とも騒音の費用が大きな比率を占めているが、高密度の都市内に高速（自動車専用）道路を張りめぐらしているために、騒音に曝露される人々が多いという、日本の都市高速道路の問題点を象徴している。

一日あたりの通行台数は、首都高速道路が一一六万台、阪神高速道路が九二万台である。表の費用を通行台数で割ってみると、両高速道路の利用者は、一台あたり数百円の費用を発生させている計算になる。また東京都は、都市内の大気汚染対策には積極的に取り組んでいるように見えるが、都市内の自動車交通によりもたらされる問題は大気汚染だけではない。高速道路建設の初期に作られた首都高速道路は、通常の自動車走行音に加えて舗装の継ぎ目の衝撃音が大きく、指針で採用されている騒音の推定式よりも、現実の音エネルギーが大きいと考えられる。また今回の計算は、騒音については法定の最高速度で計算しているが、現実の走行速度がこれを上回っている区間が多いため、この点からも騒音の社会的費用はより大きいものと推定される。

ここで、外部費用が大きいとしても、一方で都市高速道路がより大きな社会的便益を生み出していると指摘する人もあるだろう。筆者も道路の便益そのものを否定しているのではない。しかし交通事故・大気汚染・騒音・地球温暖化といった、人の生命・健康に直接的に被

表3—8　都市高速道路の外部費用

項目	単位（億円／年）	
	首都高速道路	阪神高速道路
交通事故	71	45
大気汚染	206	87
騒音	488	336
温暖化	15	7
合計	779	474

害をおよぼす影響については、費用と便益を比較して便益のほうが大きければ、人の生命・健康に対する被害があってもよいと判断すべき問題ではない。被害自体を軽減するための政策的努力が必要であるから、その指標となる外部費用を指摘しているのである。

◆「バイパス」だけが選択肢か

昔から道路沿いに市街地が形成されている都市で、通り抜け交通も含まれるために渋滞が生じているという事例が、全国でよくみかけるケースである。こうした場合によく採用される施策は、郊外部に「バイパス」を設けて自動車交通を分散させるという方法である。いま問題となっている都市環状道路も、この一つのメニューであろう。しかし、「バイパス」だけが選択肢であろうか。この問題を『道路投資の評価に関する指針（案）』に取り上げられている分析例[24]に沿って考えてみよう。指針で取り上げられている事例は、模式的に図3―4に示す地域である。人口二〇万人ていどの都市で、人口密集地にA―B―C―Dのように国道が通っている（道路ネットワークは一部省略している）。この区間で渋滞が激しいので、新たにE―Fのようにバイパスを建設して、人口密集部での渋滞を緩和しようとする計画である。この計画では、A～Dの各区間、および将来のE～Fの各区間について、交通量を表3―9のように予測している。なお将来（バイパス完成後）の各区間の交通量は、単に現在の交通量がバイパスに分散するだけではなく、地域全体の交通量が増加する傾向も見込んで推計されている。

この条件で、バイパスを整備した場合に、もし整備しなかった場合と比較して、便益の増加を推計する。便益の増加の項目は、この区間全体を通行する自動車利用者にとっての時間短縮と走行費用節約（燃費の節減など）効果と、交通事故減少効果、環境（大気汚染・騒音・温暖化）改善の効果を、それぞれ前述の方法にしたがって貨幣価値に換算した数字である。これらの一年間あたりの数字を表3—10に示す。

図3—4　バイパス整備の模式図

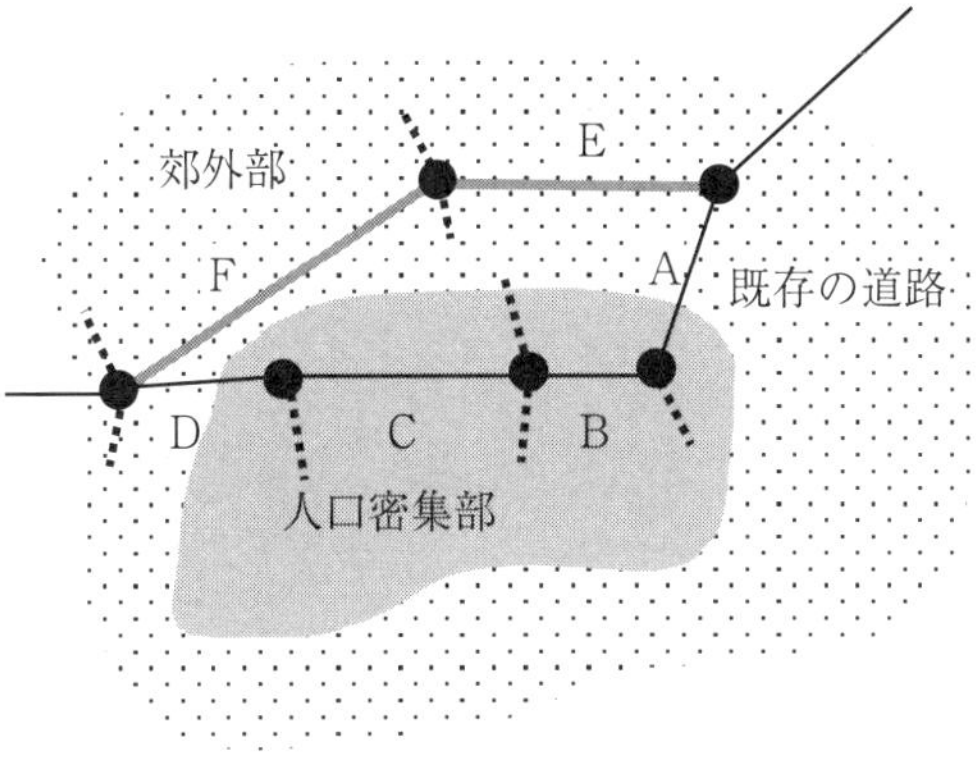

表3—9　整備前後の自動車交通量

	1日あたり自動車交通量（台／日）	
	現在	将来（バイパス完成後）
A	19,200	11,000
B	19,600	12,100
C	20,600	12,400
D	17,400	10,900
E		12,500
F		14,100

表3—10　道路整備の便益

項目	便益（億円／年）
走行時間短縮	18.9
走行費用短縮	3.3
交通事故減少	1.9
環境改善	0.9
合計	24.9

この表にみられるとおり、便益の大部分は走行時間の短縮であり、一方で環境の改善の比率は少ない。これは、渋滞の緩和によって大気汚染や燃費があるていど改善されるものの、人口密集地で減った分が郊外部に移っていることと、この地域全体としては、自動車交通の総量が増えるためである。あらたにバイパスが建設されるE～F区間の沿道の人々にとっては、それまで道路が存在しなかったところに、日に一万数千台の自動車が通行する道路が出現し、全体の走行時間短縮の効果のために、E～F区間の沿道の人々の便益が低下することになる。そのわりに地域全体の交通事故減少や、環境改善効果もわずかである。

一方、道路の整備・維持には費用がかかるから、その費用と便益を比較する必要がある。これが今まで述べてきたB／Cである。さきほどの一年あたりの便益と、整備・維持の費用を、三〇年間にわたって、社会的割引率（四パーセントに設定）を含めて積算すると、便益の合計が三五九億円に対して、費用の合計が一三一億円となり、B／Cという観点では二・七前後となるからこの事業は実施の価値があると評価される。なお指針の事例では、新たなバイパスを有料道路として整備することになっており、その料金収入と費用の償還に関する財務分析が並行して行われているが、本章では省略する。

ところで、このようにバイパスの整備だけが選択肢なのであろうか。交通量のうち車種別の内訳をみてみると、乗用車の通行台数が六～七割を占めている。どの地域の一般道路でもおよそ同様である。たとえば、図3―4の地域のA～Dの区間に、サービスレベルの高い公共交通を運行することによって、乗用車の台数を減らすことができれば、新たな道路の建設を回避することができないだろうか。ここで指針の試算例では、既存の道路が二車線なので、ＬＲＴなど軌道系の公共交通の敷設は困難と思われるが、サービスレベルの高い路線バスの導入なら可能である。

筆者のおおまかな試算によると、既存道路のＡ〜Ｄ区間において、バイパスの新設と同程度の渋滞緩和効果を生じさせるには、乗用車交通の三分の一ていどを公共交通にシフトすることにより可能である。またこの対策によって、交通弱者のモビリティ向上など付帯的な効果も大きい。バスの導入は道路整備に比べると格段に費用が少ない。しかも、現時点では道路が存在しないＥ〜Ｆ区間の沿道の人々に、あらたに日に一万数千台の自動車が通行することによる、環境や交通事故面での負の影響を強いるという矛盾を避けることができるのである。乗用車交通の三分の一のバスへの移転には努力が必要であるが、施策をバイパスだけに固定して考えなくても良いのではないだろうか。第一章で紹介したハッセルト市（ベルギー）の事例はまさにこの事例に該当する。

●自動車の社会的費用

◆社会的費用の考え方

ここまでは道路整備の評価という観点から、費用と便益を考えてきた。道路整備の観点では、交通需要予測などから、与えられた自動車交通量に対して、どのように対処するかを考えるステップのひとつとして、費用と便益が検討される。しかしまた別の観点から費用を考える必要もある。現在もなお伸び続ける自動車交通量に道路整備が追いつかず、渋滞、大気汚染、騒音が目立って改善された実感がない。交通事故についても、総件数は増え続けており、救命技術の向上で命だけは助かる人が増えた陰で、それと同じくらいの重度後遺障害者が増えている[25]現実をみるとき、自動車が適正な水準を越えて利用されているという疑問を誰もが抱いて当然であろう。

　企業や個人が、事故や環境汚染など、他者へのリスクを発生させながら自己の利益の最大化をはかっているとすれば、その企業や個人にとっては経済的に最適であっても、社会全体として最適な状態になっていない。交通の分野においても、もし人々の自由な選択の結果として望ましい交通体系を達成しようとするならば、自動車のユーザーは、自動車の保有と使用により生じた費用のすべてを負担する必要がある。しかし実際には、自動車のユーザーがそれらを負担せずに第三者に転嫁し、すなわち社会的費用を負担していないために、交通手段の適切な分担がゆがめられ、自動車が過剰に使用されている。言いかえれば、社会的に補助を受けていることになる。

　具体的にどのような項目が「負担されていない」のだろうか。自動車がもたらす社会的なマイナス面として、交通事故、地球温暖化、都市の熱帯化、大気汚染、騒音、振動などがある。交通事故については、保険というシステムを通じて、その一部がユーザーによって負担されていると考えることもできる。しかし現実は、被害者やその家族の苦痛が、金銭的な意味にかぎっても充分に補償されているとはいえないし、警察や救急の費用は公費である。

　道路建設そのものも、一定の社会的な負の側面（エネルギー消費、工事に伴う騒音、振動、工事用車両の出入りなど）をもたらすが、それは一時的である。道路が供用された後の補修作業も定期的に発生するが、その分の影響も、比率としてはわずかである。何と言っても、道路に関する最大の環境負荷は、道路上を自動車が通行することによって発生する。ある分析によると、道路の建設段階に発生する環境負荷は、供用段階にに比べるとけた違いに少なく、大気汚染物質についてみると、供用段階の一日分で建設段階の環境負荷の量に達してしまうという。[26]

温暖化（気候変動）では、海面の上昇による居住地の損失、気象災害、農作物の生産に対する被害、生態系の変化などが挙げられる。これらの中でも、経済的な価値に換算できる項目と、換算しにくい項目があるが、いずれにしても自動車のユーザーはその損害に見合った分の負担をしていない。大気汚染や騒音についても同様である。都市の熱帯化にも自動車がかかわる。自動車の利用を便利にするために、細い路地まで舗装し、駐車場を作り、水面、植物、土を消失させてしまったことにより、都市の気温調節機能が低下している。

人間に直接的な被害をおよぼす項目のほかに、道路の建設・維持のために、ユーザーが負担していない部分も考慮しなければならない。ガソリンや軽油に課せられる税が道路建設に使われること、つまり特定財源であることを指して、道路の費用は自動車ユーザーが負担しているという解釈もみられる。しかし道路に対する費用のうち、ユーザーが負担している比率は、およそ半分以下である。美濃部雄人氏（都市計画）は、ユーザーが道路の整備・維持に必要な費用を負担しているかどうかについて、下記の諸点が見落とされていると指摘している。[27]

① 道路特定財源で整備される道路において、地方負担分については、道路特定財源のほかに、一般財源が投入されている。
② 道路のうち、個別の住宅の前の区画道路や、民間開発のアクセス道路などには、特別な場合を除いて道路特定財源は投入されていない。
③ 地方自治体が管理する道路の維持管理費には、道路特定財源がほとんど投入されていない。
④ 道路管理者は原則として固定資産税を払う必要がない。したがって自動車利用者は、本来支払うべき道路の固定資産税相当額の出費を免れている（鉄道事業者は、独立採算性が基本とされているうえに、自治体が特別に免除しないかぎり固定資産税も支払っている）。

美濃部氏は、日本の道路政策では、ユーザーが道路を利用することに対して、結果として手厚い財源的補助が行われていることに相当すると指摘している。特に①②の点について補足すると、「クルマ」という交通手段において、公共交通と比較して決定的な利便性である「ドア・ツー・ドア」の特性は、道路特定財源で整備されるような道路（国道・主要な地方道）ではなくて自宅や駐車場の目の前にまで通じている生活道路があるゆえに発揮されている。その費用はたいてい自治体の一般財源であり、自動車利用者はその費用について、利用に応じて負担しているとはいえない。これは、自動車のユーザー同士の間でも不公平が存在することを意味する。自動車を多く使う人も少なく使う人も、区別されない負担だからである。

◆社会的費用の具体額

社会的費用の具体的な計算方法や値は、まだ確定したものとはいえず、国内外で多くの報告がある。全体の状況を拙著[28]に要約して示したので参照していただきたい。本書では、現時点で最も現実的と思われる試算として、兒山真也氏・岸本充生氏による整理を表3―11に示す[29]。大気汚染・気候変動・騒音・事故・インフラ（自動車利用者が負担していない分）・混雑に関して、「自動車走行キロメートルあたり」と「人および貨物の単位輸送量あたり」について算出が行われている。

計算に用いている基礎数値の出所によって結果に開きが生じるため、最大・中間・最小の数字が提示されているが、ここではそれぞれについて中位の値を表示している。数字は車種別（乗用車・バス・大型トラック・小型トラック）に対して割りふりが行われているが、地域別・時間別の割り振り、すなわち大都市と農村部や、同じ道路でも、混雑時と閑散時のちがいなどについてはまだ今後の課題である。ただし、欧米におけるこれまでの研究と比較し、総合的に近い数字であることが示されており、妥当な数字であることが確認されている[30]。日本の乗用車について、走行kmあたり二〇～五四円（混雑費用を含む場合）の社会的費用が発生していると推定される。

◆社会的費用を計測する意義

かりにこれらの費用を燃料に対する課税として徴収したと仮定すると、燃費を一〇km／リットル

表3―11　兒山・岸本による日本国内の社会的費用の値

		走行距離あたり（円／台km）				輸送量あたり（円／人km，円／トンkm）			
項目	総費用（円）	乗用車	バス	大型トラック	小型トラック	乗用車	バス	大型トラック	小型トラック
大気汚染	8兆2804億	1.8	69.2	59.1	13.8	1.3	4.8	19.8	114.1
気候変動	2兆2625億	2.2	9.4	7.8	3.1	1.6	0.7	2.6	25.9
騒音	5兆8202億	3.6	9.4	7.8	3.1	1.6	0.7	2.6	25.9
交通事故	5兆0168億	7.1	7.4	7.9	4.9	5.0	0.5	2.7	40.8
インフラ	5兆0706億	7.0	7.0	7.0	7.0	5.0	0.5	2.4	58.2
混雑	6兆0000億	7.3	14.6	14.6	7.3	5.2	1.0	4.9	60.3
合計	32兆4505億	29.0	117.0	104.2	39.2	19.7	8.2	35.0	325.2

と仮定すれば、ガソリンや軽油の一リットルが、現在よりも二〇〇～五四〇円高くなることに相当する。現在は、それを社会的な仕組みとして「おまけ」しているために、ドライバーが現状の負担でクルマを利用できるのである。ところが、このような額を利用者から実際に徴収することは非現実的である。また多くの人々は、自動車を仕事や生活の必要上から使わざるをえない、あるいは自分だけが使わないことによる損失を避けるために使っているから、過重な負担を課すことはできない。

これでは、人々がそれぞれ個人的にクルマの負の側面を理解しても、クルマ依存社会からの転換は不可能である。人々の選択の集積が、おのずとクルマ依存からの転換に作用するように、経済的な誘導のしくみを設ける必要がある。その場合に、どこにどれだけ費用（税金）を課したり、補助金を与えたりすべきかを具体的に決める指標として、社会的費用の推算が必要となる。さらに、税収を自動車に代わる公共交通の充実に用いることによって、いっそう自動車からの転換を促すという、好ましい循環を作り出すこともできる。このとき、単にユーザーに対して一律の費用を賦課するのでなく、クルマの使用量に応じて負担するような仕組みを工夫することも必要であろう。

●費用・便益分析の応用問題

◆地方鉄道存続と費用・便益分析

移動制約者のモビリティ確保[31]や、地球温暖化その他の環境問題への対応から、公共交通の維持・充実が社会的に望まれている。ところが現実には、農山村部はもとより都市圏でさえ、地域の鉄道路線、ことに中小民鉄において、事業者による撤退計画の表明や、実際の廃止が相次いでいる[32]。またそれに伴って安全水準の低下も発生し、単線区間における正面衝突など、戦前の水準に退行するかのごとき機能低下さえ生じる事態となった。鉄道サービスの維持と運行の安全確保のために補助制度[33]が設けられているが、これらも、鉄道経営を根本的に安定化させる枠組みは有していない。また国や自治体における財政難も深刻になり、少子化にともなう構造的な乗客の減少、モータリゼーションのさらなる進展など、地方公共交通の維持・充実にはいっそう困難が増している。こうした状況の中、これまでのように公共交通を事業会計の観点で「黒字」か「赤字」かという基準で評価して「赤字に対する補塡」という考え方を続けてゆくことには、行き詰まりが生じている。

近年、これからの地方鉄道のあり方として、①地方鉄道を社会のインフラと考え地域で支える、②地方中核都市においては「都市の装置」として考えるなどのあらたな発想の導入や、住民のモビリティ確保を自治体の責務とみる考え方が提唱されるようになった。[34] 従来の自治体の交通政策では、自治体がみずから交通事業を運営する公営交通の形態を別とすると、[35] 自治体による公共交通への積極的な関与は弱く、公共交通の運営自体は事業者の問題と捉え、その監督・指導についても国の問題と捉える傾向があった。一方で、補助金の仕組みなどから、自治体が道路を作りやすい仕組みになっていることもあって、自治体の交通政策は「道路をいかに整備するか」という方向に偏っていたと言えよう。[36] このことが地域の交通における自動車依存をますます加速してきた面も少なくない。

ところで、道路も公共交通も、同じく地域の交通体系を構成する要素であり、それぞれ物理的（技術的）手段が異なるにすぎない。ところが、一般道路の建設・供用については、その事業の枠内で収益をあげることを想定せず、公共交通に対して適用されるような採算性という概念は存在しない。これは、道路が社会の活動を支えるインフラであり、社会的な便益が存在することに対して、多くの人々が暗黙の同意を与えているためである。このように、道路に対して社会的便益を認めるのであれば、同じく地域交通の要素をなす公共交通についても同列に論じるのが、整合的な議論であろう。

◆「えちぜん鉄道」復活の事例

最近、鉄道の社会的費用便益分析を評価に含めることによって、廃止寸前となった鉄道を沿線自治体で支援して復活させた事例が報告されている。福井県の旧京福電鉄では、以前より赤字のために同事業者が撤退の意図を表明していたが、沿線自治体は事業者に対して運行の継続を要望するとともに、その条件として一定の財政支援を行ってきた。また二〇〇〇年から交通分野での規制緩和に関連して、鉄道事業の廃止規制が緩和されたことにより、存続に対していっそう不利な状況が生じていたところ、二〇〇〇年一二月と二〇〇一年六月に連続して重大事故が発生し、全線にわたって運行が停止される事態が発生した。

同線の沿線も、全国と同様に自動車依存社会であり、もともと鉄道の分担率が高くなかったにもかかわらず、現実に鉄道が前面運休してバス代替となると、降雪地帯という条件も重なり、道路の渋滞、移動時間の増加、積み残し、乗り心地の悪さなど、沿線住民の生活に多大なマイナスが生じ、改めて鉄道の存在の意義が認識された。ところが事業者は、事故の影響もあって事業継続の意志を失い、廃止の手続きをとって撤退は確定的となった。このため沿線の自治体・住民は、あらたな枠組みで鉄道を再生する方法を模索せざるをえなくなった。いくつかの方法が検討されたのち、最終的に第三セクター（現えちぜん鉄道）として、上下分離方式（設備の保有と列車の運行を別の組織で行なう）として再発足し、二〇〇三年一〇月に全面再開にこぎつけた。その経緯についてはいくつかの資料に記録されている[37]が、沿線自治体が存続に向けて方針を決定した根拠として、表3―12のような費用便益分析[38]が大きな役割を果たしている。

表3―12の便益側は、鉄道を廃止してバスに転換したと仮定して、社会のさまざまな分野にどの

表3―12　えちぜん鉄道存続の費用・便益分析

鉄道を存続した場合の便益（10年間）			同費用（10年間）	
項目		（単位百万円）（▲はマイナス）	項目	（単位百万円）
利用者便益	利用者時間短縮	5,282	鉄道事業再開のための設備投資	910
	交通事故軽減	571	初期投資額	1,893
	移動費用節約	631	開業後10年の設備投資	4,150
供給者便益	事業者利益	▲2,348		
環境便益	二酸化炭素抑制	57		
	道路渋滞緩和	4,193		
便益額合計		8,386	事業費合計	6,953

ような費用・便益が生じるかを試算した結果である。たとえば同じ区間を利用する場合の所要時間について、バスのほうが時間がかかることによる時間損失について、一定の時間単価で経済的価値に換算し、逆にそれが鉄道が存在することによる社会的便益とみなしている。

同様に、交通事故や移動費用（バスのほうが運賃が高くなる）、環境負荷の増大、道路混雑の増加などを経済的価値に換算して便益と評価した。

一方で表3―12の費用側は、鉄道事業再開のための設備投資や維持費用を含めて積算している。えちぜん鉄道では特殊な事情があり、いったん大事故を起こして運行停止となったために、安全設備を新設する費用がかかっているが、それを含めても、道路のB／Cと同じ手法によって、便益と費用を一〇年間の期間を想定して積算した結果、約七〇億円の費用に対して、約八〇億円の便益が推定され、鉄道存続が社会経済的に有利であると評価された。

◆バス転換は「公共交通全廃」を招く

えちぜん鉄道のバス代替期間には、「代替」とはいっても実際の利用者は鉄道時代に比べて半分以下に減少している。幸いにも、えちぜん鉄道の再生は実現したが、続いて北海道ちほく高原鉄道、秋田内陸縦貫鉄道、のと鉄道（石川県）、上田交通（長野県）、日立電鉄・鹿島鉄道（茨城県）、岐阜市内線（路面電車・岐阜県岐阜市）など、地方鉄道の廃止の動きが表面化し、地域の交通弱者のモビリティ確保と、自動車への転換による環境負荷の増大が懸念されている。こうした場合、とりあえず代替手段としてバス転換が提案されるのが通例である。地方鉄道のバス転換に際して、①クルマと比べて鉄道の利便性が劣るため乗客増加が見込めない、②バスのほうが赤字が少なくて済む、③税金で鉄道の赤字を補填するくらいなら、福祉などにまわしたほうがよい、等の理由がきまり文句として示される。しかしこの論理では、いずれバスもいらないという結論が導かれ、バス「代替」が公共交通全廃の一過程として利用されてしまう。

鉄道路線をバス転換した場合、まず短期的には、利用者にとって運賃の上昇と、所要時間の増加がみられるのが一般的である。図3―5に、国鉄の分割民営（一九八七年）前後にバス転換された地方交通線における乗客数の変化を示す。旧鉄道路線の時代とくらべて、経路が変化したなどの影響もあるが、全体として乗客数が激減している。運賃も、鉄道時代より増加したケースがほとんどであり、利用者にとって便益の低下といわざるをえない。また、転換直後に便数の増加などサービス面での向上がみられた区間もあるが、転換後五年目あたりから、多くの区間で運行便数の減少がみられる上に、路線そのものが廃止された区間も生じている。

◆クルマ社会だからこそ必要な地方鉄道

　地方都市の周辺では、朝の通勤・通学時に、市内へ向かう道路が自動車で一杯になり、渋滞も珍しくない。それと並行して昔ながらのローカル鉄道の列車が一～二両の短い編成で走り、まして赤字となれば、いかにも時代おくれのように思われるかもしれない。しかし、通勤・通学は、人間が動くのが目的である。道路はたしかに「自動車」で一杯であるが、ほとんどは一台に一人しか乗っておらず、道路空間をきわめてむだに使っている。

　ここで、もし並行する鉄道が廃止されて、その利用者が通勤手段を自動車に変えたとすると、当然ながら道路を走る自動車の台数が増加する。一見するとたいした台数ではないように思われるが、実はその影響は少なくない。前に述べたように、旧京福電鉄が事故のために全面運休となった二〇〇一年以降に、並行する道路(国道四一六号線など)で、特に冬期に渋滞が発生したために、沿線の人々が影響の重大性を認識し、旧京福電鉄を引き継ぐ第三セクターの「えちぜん鉄道」の発足の大きな推進力となった事例がある。

　他の地域でも、鉄道の運行が停止すれば、同様の事態が起きることは確実である。実際に鉄道を止めて実験するのは困難であるから、既存のデータ[39]を利用してシミュレーションしてみる。現在

図3―5　バス転換による乗客減少

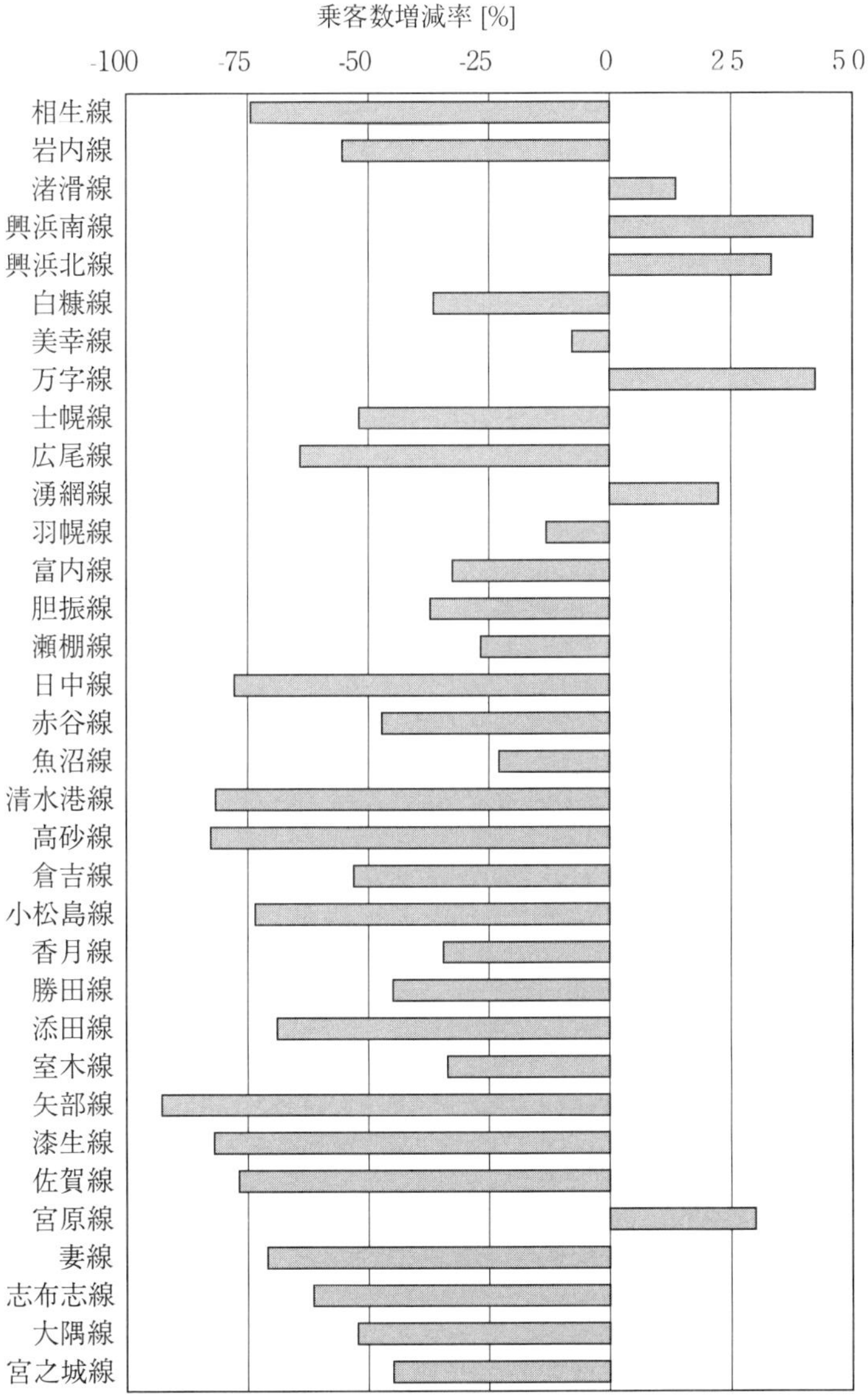
乗客数増減率 [%]
-100
-75
-50
-25
0
25
50
相生線
岩内線
渚滑線
興浜南線
興浜北線
白糠線
美幸線
万字線
士幌線
広尾線
湧網線
羽幌線
富内線
胆振線
瀬棚線
日中線
赤谷線
魚沼線
清水港線
高砂線
倉吉線
小松島線
香月線
勝田線
添田線
室木線
矢部線
漆生線
佐賀線
宮原線
妻線
志布志線
大隅線
宮之城線

または過去に存続問題が浮上した路線の例として、各地域から、ちほく高原鉄道・秋田内陸縦貫鉄道・上田交通・日立電鉄・鹿島鉄道・上信電鉄・わたらせ渓谷鉄道・のと鉄道・高松琴平電鉄を事例として取り上げてみよう。なお九州の事例として熊本電気鉄道を取り上げるが、同社は熊本市営交通（路面電車）との接続による積極的な展開策も検討されており、存続問題は議論されていないが、九州の参考値として取り上げた。

これらの鉄道の並行道路では、大都市にみられるような渋滞までには至らないものの、それまでの鉄道利用者のうち通勤客が自動車に転換すると、その台数の増加が朝のピーク時の並行道路で全体の交通の流れの速度低下（所要時間の増加）をもたらす。ここで注意すべき点として、所要時間の増加の影響は、鉄道から自動車に移った人だけにではなく、道路を通行する人を含めてすべての人に及ぶという点である。

表3―13に、鉄道利用者が自動車通勤に移行したと仮定した場合の、渋滞増加による時間損失の推定値を示す。言いかえると、いま鉄道が運行されていることによって、これだけの時間損失が防がれている。損失を防止する方法として、一つには道路整備を強化して、車線数の増加などの対策を講じることが考えられる。しかし、国も自治体も財政面での制約が強まっている現在、いつまで道路に頼った交通政策を続けることができるのだろうか。それよりも、既存の鉄道の存続・活用のほうが格段に費用が少なくてすむ。極端には鉄道の運賃を無料にしてでも、自動車から鉄道へ利用者をシフトさせることによって、道路側のサービスレベル（通行速度の向上、所要時間の短縮）が向上することも期待できるのである。

表3―13　鉄道廃止による渋滞増加の時間損失

路線名	関連自治体	並行道路の例	車線数	時間損失(億円/年)
ちほく高原鉄道	北海道北見市・池田町	道道北見津別線	2	0.3
秋田内陸縦貫鉄道	秋田県鷹巣町・角館町	国道105号	2	渋滞軽微
上田交通	長野県上田市	国道143号	2	0.5
日立電鉄	茨城県常陸太田市・日立市	国道293号	2	23.7
鹿島鉄道	茨城県石岡市・鉾田町	国道355号	2	1
上信電鉄	群馬県高崎市・下仁田町	県道高崎万場線	4	5.1
わたらせ渓谷鉄道	群馬県桐生市	国道122号	2	0.1
のと鉄道	石川県七尾市・穴水町他	国道249号	2	1.6
高松琴平電鉄	香川県高松市・琴平町	国道11号	6	129.8
熊本電気鉄道	熊本県熊本市・西合志町	国道3号	4	109.1

◆全国の地方鉄道の費用・便益分析

ここで、前述の一〇例の地方鉄道について、鉄道を廃止してバスに転換した場合の、社会的費用・便益を分析してみる。えちぜん鉄道の分析を参考として、利用者便益として、時間短縮（鉄道のほうが速い）・交通事故減少（安全性）・移動費用節約（鉄道のほうが安い）を計上する。また外部便益として、環境（大気汚染・温暖化）・渋滞緩和（鉄道を利用している人が自動車に転換した場合）を計上する。また事業者の便益としては、この一〇例の鉄道がすべて営業収支という意味で「赤字」であるため、マイナスの便益という形で計上する。一方で費用としては、当面大規模な投資は考えず、現状のサービスレベルと安全性を維持するための費用として、鉄道路線一㎞あたり毎年五〇〇万円と設定した。このような条件で、社会的割引率を四パーセントとして、今後一〇年間の費用・便益分析を行った。

ただし、計算にあたっていくつかの仮定を設ける必要がある。運賃の上昇については、既存の鉄道路線がバスに転換したときに、どの事業者がどのような運賃で引き継ぐのか未知であるために、事前に数字を決定することができない。このため運輸統計[40]から、現状で距離制運賃[41]を採用しているバス事業者（保有車両数三〇台以上）の距離あたり平均運賃を参考にして、それが同様に適用されるものと仮定した。時間の損失では、それぞれの鉄道路線について、列車の平均速度と、並行する道路における道路交通センサスの実測速度を比較した。ただし、並行道路での渋滞がほとんど見られないケースや、現状の列車の平均速度が遅いために、鉄道の時間効果があらわれないケースもある。

表3―14にみられるように、北海道ちほく高原鉄道と、秋田内陸縦貫鉄道を除いては、B／Cとして充分に大きな数字が得られており、鉄道を存続すべき根拠となる。また北海道ちほく高原鉄道と、秋田内陸縦貫鉄道については、B／Cが一・〇を下回っているが、道路と同様に積雪寒冷地であることを考慮して、沿線住民のモビリティ確保などの定量評価以外の要素を加えて、鉄道の存続を判断すべきであろう。

また双方とも行き止まり路線ではなく、主要な鉄道幹線の間を結ぶ枝線であることから、代替ルートとしての意義も考慮されるべきだろう。

地方鉄道に対する補助金は全国でわずか三〇億円で、道路整備に支出される一般財源の〇・〇七五パーセントに過ぎない。地方鉄道が道路負荷の軽減に果たしている役割を考慮すると不当に少ない額である。

表３—14　鉄道存続による社会的費用・便益分析

	単位・億円、▲はマイナスを示す			
表示	利用者外部便益	事業者便益	維持費用	B／C
ちほく高原鉄道	63.7	▲35.7	61.3	0.5
秋田内陸縦貫鉄道	30	▲25.9	41.3	0.1
上田交通	85.1	▲1.0	5.1	16.6
日立電鉄	164.4	▲3.6	7.9	20.3
鹿島鉄道	123.5	▲13.0	11.9	9.3
上信電鉄	369.7	▲14.0	14.8	24.1
わたらせ渓谷鉄道	327.1	▲12.8	19.3	16.3
のと鉄道	438.3	▲26.7	41.2	10.0
高松琴平電鉄	1019	▲6.7	26.3	38.5
熊本電気鉄道	226	▲1.7	5.7	39.1

◆都電は渋滞を救う

　一九六〇年代、日本の大都市には、六五都市で八二の事業者が、一五〇〇kmあまりの営業路線を展開していた。これは、路面電車の活用を促進している現在の欧州の各国と比べても、遜色のない規模であった。しかし都市での自動車の増加にともない、渋滞の原因として邪魔もの扱いされ、いまでは一九都市で二〇事業者、二四〇kmまで縮小している。東京都内では、東京都電荒川線と、東急世田谷線を残すのみである。

　しかし現在の制約の下でも、都市交通としての路面電車の能力は大きい。東京都電の中で一路線だけ残った荒川線の実績によると、一人あたりの平均乗車距離が二・六kmで年間の利用者数は約二三〇〇万人であるが[42]、都電の最盛時には、全体で五億九七〇〇万人を運んでいた。この条件から計算すると、もし最盛時の都電の路線網を存続させ、その分だけ自動車交通が抑制されていれば、毎年およそ九〇〇トン程度のNO_xが削減されたと推定される。[43] 東京都が計画しているロードプライシングでは、いくつかのケースがシミュレーションされているが、環状六号線を境界線（コードン）としてその内側に進入する自動車に課金した場合、都区内で年間一六〇トンのNO_xが削減されると予測している。[44] もし都電の路線網を維持していたら、これよりもはるかに多大なNO_x抑制効果が発揮できたのである。

前述の九〇〇トン削減という試算は、単に乗用車の利用者が路面電車に乗り換える効果のみを算定したものであるが、そのほかに路面電車の路線網は、自動車が占有する道路空間を物理的に狭めて、自動車交通量を抑制する有効な道具となる。この相乗効果によって、大気汚染が深刻な区域においても、汚染物質の濃度を、少なくとも多摩地域程度まで緩和できるであろう。東京では、自動車交通量を削減する対策として、公共交通への転換が必要であるが、通常の地上の鉄道（JR・民鉄）と地下鉄は、いま以上に路線を増やすことは空間の制約からも困難であるし、巨額の費用がかかる。これに対して道路面の活用は、都市交通の宝の山である。

いまでも都内の道路が渋滞しているところに、路面電車を復活したら、渋滞がますますひどくなるだろうか。必ずしもそうではなく、むしろ道路を利用する人々すべてに対して便益がある。ここでおおまかな試算を示す。路面電車の復活といっても、四車線（片側二車線）の道路に対して、車線を半減することは、現在ではさすがに困難と思われるが、東京都区内で、六車線以上の道路（国道・主要地方道）をリストアップし、各々の自動車交通量を勘案して、もしそれらに路面電車を復活させて自動車交通を代替すると、走行状況がどのようになるかを推定する。

典型的な例として、大田区内の国道一号線（六車線）において、交通調査から、朝夕のピーク時に、乗用車三一二四台、小型トラック九七四台、大型トラック二四三台が通行していることが測定されている[45]（バスについては台数が少ないので省略）。その時の走行速度は時速二一・五kmである。ここで、六車線（上下合計）のうち二車線を路面電車に利用し、サービスレベルの高い路面電車システムを運行することによって、乗用車の二分の一を路面電車に代替する。なおトラックは代替が困難であるので、そのままとする。

表3―15に推定の結果を示す。車線が減少しているにもかかわらず、全体の走行台数が減少しているため、この区間における全体の走行速度は、時速二三・六kmに向上する。わずかな差のように思われるかもしれないが、それによる時間の節約効果は、この区間を通行するすべての自動車にとって共通に享受される。これを経済価値に換算して年間で集積すると、一億七〇〇〇万円に相当する。このように、都区内の六車線以上の道路で、路面電車導入により速度向上効果が期待できる区間を合計すると、都内全体で年間三一億円の時間節約効果がある。さらに、トラックの通行台数は現状と変わらないと仮定しているが、同じ通行台数であっても、走行速度の向上による大気汚染物質の低減効果が期待できる。

◆自転車交通の社会的便益

都市内における自動車交通負荷の軽減のため、自転車の走行環境を整備する施策について、費用

表3—15　路面電車による渋滞緩和効果

	ピーク時通行台数（台／時間）			ピーク時走行速度
車種	乗用車	小型トラック	大型トラック	（km／時）
路面電車なし（現状）	3,124	974	243	22.5
路面電車あり	1,562	同じ	同じ	23.6
6車線、区間距離3.7km				

便益分析の事例がある[46]。この検討では、まずオランダの交通政策を紹介している。オランダは、国土の標高が低く、地球温暖化で深刻な影響をこうむるおそれが大きい一方で、地形が平坦で自転車の利用に適していることから、自転車の利用促進政策が注目されている。オランダでは一九九〇年に「自転車マスタープラン」を策定し、自転車によるトリップの増加、サイクルアンドライドの推進による、鉄道利用者の増加など、数値目標が設定されている。

そうした条件の下で、ドルトレヒト市（人口約一一万人）では、①短距離の自動車トリップの五〇パーセントを自転車に転換すること、②政府のアンケート調査により、約半数の人が一〇分以内のトリップの中で自転車に転換してもよいと回答していること、等のいくつかの仮定を設けて費用・便益分析を行っている。ここで外部不経済の減少としては、自動車交通の削減による、騒音・大気汚染・交通事故の防止が挙げられている。また自治体の費用削減としては、道路建設・維持費の削減、駐車場整備費用の削減が挙げられている。一方で自転車のあらたな購入費は費用として計上される。こうした条件の下での試算により、B／C（費用・便益比）は、一一・四〜一三・五と算出され、社会的に採用可能な施策と評価されている。

日本ではこれまで同様の検討は少ないが、北九州地区で人口一一万人の

表3―16　自転車の利用促進による社会的便益

		単位 百万円	
		仮定① 5km以下の自動車トリップの半分が自転車に転換	仮定② 10分以内の自動車トリップの半分が自転車に転換
外部不経済の減少	騒音	不詳	不詳
	大気汚染	3,604	3,562
	渋滞緩和	91,275	45,163
	空間創出	不詳	不詳
	交通事故削減	8,375	6,273
削減費用	道路関係費	3,667	2,747
	駐車場費	260	195
	走行費用	31,280	23,430
費用	自転車投資		8,136
B / C		17.0	10.0

仮想的なモデル都市に適用した検討例がある。ドルトレヒトと同様に、短距離・短時間トリップのうち一定の比率が自転車に転換するものとして、それに必要な自転車走行レーン整備、駐輪場整備などを費用に計上している。またオランダと同様に、騒音・大気汚染・交通事故の防止を社会的便益として評価している。オランダの検討では、渋滞解消効果は計上されていないが、日本での検討では、自転車に転換した分だけ道路交通の負荷が減少することによる渋滞緩和の効果も算入している。評価期間を二〇年とし、社会的割引率を四パーセントとしたとき、表3―16のような結果が得られた。

大都市にかぎらず中小規模の都市でも、場所・時間帯により渋滞に悩まされることが多い。このシミュレーションのように、自転車道の整備は、自動車道の整備よりもB／Cが高い場合も十分に考えられるであろう。

注

1 CBR（Cost Benefit Ratio）という呼び方もある。
2 http://www.mlit.go.jp/tec/09_public.html
3 国土交通省編『国土交通省政策評価年次報告書』各年版より。
4 道路投資の評価に関する指針検討委員会『道路投資の評価に関する指針（案）』一九九八。
5 中村英夫編・道路投資評価委員会『道路投資の社会経済評価』東洋経済新報社、一九九七、三二八頁。
6 前出4、四〇頁より、筆者補足。
7 前出6、三一頁。
8 北村隆一「環境影響把握のための交通分析手法の進展」『国際交通安全学会誌』二六巻三号、二〇〇一年、四六頁。
9 東京都環境局ホームページ（http://www.kankyo.metro.tokyo.jp/jidousya/roadpricing/）
10 北村隆一「マイクロシミュレーションによる交通施策の評価・その可能性と実用性」『平成一五年度交通政策審議会交通体系分科会環境部会資料』二〇〇三年一二月二二日、二七頁。
11 正確には「ゾーン」と呼ばれ、一定の地域（市区町村、あるいは人口密度の高い地域では、それをいくつかに区切ったエリア）をひとつの点で代表させた地点。
12（財）土木研究センター『土木技術資料』四三巻一一号、二〇〇一年より。
13 松川勇「外部費用評価の実証的側面――公衆の健康損害に関するエネルギー外部性の評価手法」『エネルギー・資源』二一巻六号、二〇〇〇年、二六頁より、EUのエネルギーの外部費用推算プロジェクト「ＥｘｔｅｒｎＥ」の値。

14 ベルナー・ローテンガッター「欧州の交通をグリーン化する―交通の外部費用と内部化戦略―」『国際交通安全学会誌』二六巻、三号、二〇〇一年、一六四頁。（原データ）INFRAS／IWW2000：External costs of transport, UIC, Zurich, Karlsruhe, Paris 二〇〇〇。

15 兒山真也・岸本充生「日本における自動車交通の外部費用の概算」『運輸政策研究』四巻二号、一九頁、二〇〇一年。ＰＭ（粒子状物質）による公衆の死者数は、交通事故のそれを上回り、年間二万六九〇〇人にのぼるという推定が示されている。

16 荘美知子「道路交通騒音問題の経済的評価」『環境技術』二七巻一〇号、一九九八年、二五頁。

17 前出16。

18 ｄＢ（デシベル）は、通常の人間の聴覚で聞こえる最低限の音のエネルギーを基準として、それに対する倍率として音のエネルギーの強さを表示する値である。「Ａ」の意味は、騒音には様々な周波数（音の高さ）が混じっているが、人間の聴覚が周波数によって感度が異なるため、人間の聴覚に合わせて音のエネルギーの分布を補正して計測した値である。さらに騒音は、時間とともに刻々と変化するため、一定の基準で時間的にならした値がＬｅｑである。

19 兒山真也「日本における自動車交通騒音の外部費用の推計」『商大論集』神戸商科大学、五五巻三・四号、二〇〇四年、一二一頁。

20 杉山大志・長野浩司「地球温暖化問題における損害コスト評価および費用便益分析について」『エネルギー・資源』一六巻六号、一九九五年、一二三頁。

21 「炭素トン」基準で表示されることが多い。「CO_2トン」を「炭素トン」に換算するには、〇・二七三をかける。

22 ExternE; Newsletter 6, European Commission, March 一九九八年。
23 内山洋司「環境影響評価の方法論」『エネルギー・資源』二一巻六号、二〇〇〇年、一六頁。
24 前出4、一三五頁。
25 自動車保険研究プロジェクト「自賠責保険の改革」『日交研シリーズB―八四』日本交通政策研究会、二〇〇一年、二頁。
26 三上市蔵・窪田諭・奥裕子「一般道路の供用段階における環境負荷の算定と統合評価に関する研究」『環境システム研究論文集』三一巻、二〇〇三年一〇月、一〇一頁、土木学会環境システム委員会。
27 NPO法人「環境文明二一」制度部会編『持続可能な交通をめざして』環境と文明ブックレット六、一二〇頁、二〇〇二年四月。市販されていないので、環境文明二一（〇四四―四一一―八四五五）に問い合わせ願いたい。
28 上岡直見『自動車にいくらかかっているか』コモンズ、二〇〇二年。
29 兒山真也・岸本充生「日本における自動車交通の外部費用の概算」『運輸政策研究』四巻二号、一九頁、二〇〇一年。
30 たとえば英文では、Todd Litman, Transportation Cost Analysis(Summary), Victria Transport Policy Institute, 1999, p.19 (http://www.vtpi.org/0_price.htm) など。上岡直見『自動車にいくらかかっているか』（コモンズ、二〇〇二年）に一覧的に整理されている。
31 自治体へのアンケート調査によると、交通問題における悩みを聞く設問に対して、移動制約者のモビリティ確保を挙げた例が多く、問題意識としては広く認識されていることがわかる。上岡直見「交通基本法案と自治体交通政策への展開」『交通権』二〇号、二〇〇三年、二四頁。
32 一九八七年（国鉄の分割民営）以降、旧国鉄から引き継いだ地方交通線は維持されている一方で、地方民鉄の一一社が鉄道事業全体から撤退、また一〇社で路線の一部を廃止している。
33 地方鉄道に適用が可能な国の補助制度としては「鉄道軌道近代化設備整備費補助」「踏切保安設備整備費補助」「鉄道災害復旧事業費補助」「公共交通移動円滑化設備整備費補助」「交通施設バリアフリー化設備整備費補助」がある。
34 地方鉄道問題に関する検討会編『地方鉄道復活のためのシナリオ』報告書、運輸政策研究機構、二〇〇三年三月。
35 安部誠治「これからの地域交通と地方自治体の責任」『運輸と経済』六三巻四号、二〇〇三年、一六頁。
36 交通エコロジー・モビリティ財団が全国の市町村を対象に実施した交通政策に関するアンケートでは、「交通政策を検討していない」とする回答が約二割あり、その中で検討していない理由として「道路のハード的整備を優先しているから」とする回答が約三割みられた。交通エコロジー・モビリティ財団『住民主体の環境配慮型地域交通づくりの推進』報告書、二〇〇三年三月。
37 たとえば「座談会 地方鉄道の再開と地域社会―えちぜん鉄道の発足にあたって」『運輸と経済』六三巻四号、二〇〇三年、一六頁、えちぜん鉄道ホームページ http://www.echizen-tetudo.co.jp/ など。
38 太田敦「民間鉄道事業者の不採算路線再生モデル①」『JRガゼット』二〇〇三年一〇月号、五八頁。
39 『鉄道統計年報』『道路交通センサス』各年版より筆者推算。
40 日本自動車会議所『数字でみる自動車二〇〇二』二〇〇三年、三三頁。
41 大都市の市内路線でみられる「均一運賃制」と対比されるシステムで、利用区間によって運賃が異なる「整理券バス」と考えてよい。
42 運輸政策局『都市交通年報』平成一〇年版、一四五頁。
43 路面電車と乗用車の環境負荷の比較にはいくつかの試算例があるが、乗客一人・一㎞あたりのＮＯ$_x$

発生量が、乗用車の〇・五三gに対して、路面電車が〇・二一gという数字を用いた。これには車両の製造や軌道（道路）の建設、路面電車に対しては動力となる電気の発電にともなう分などを含んだ、ライフサイクルの値である（松橋啓介、森口祐一、近藤美則「都市内交通手段としての路面電車に関するライフサイクル評価」『第一四回エネルギーシステム・経済コンファレンス』講演論文集、一九九八年、六七頁より）。

44 東京都TDM研究会編『日本初のロードプライシング』都政新報社、二〇〇〇年、一一五頁。

45『全国道路交通センサス』平成一一年版。

46 谷川進一・根本敏則・井上信昭「自転車道整備の費用便益分析～オランダの事例を参考にして～」『土木計画学研究・講演集』二二―一巻、一九九九年、七三頁。

第四章　道路交通と地球温暖化

●温暖化問題と交通

◆完全に破綻した温暖化対策

地球温暖化の原因、国際的な取り決めなどに関する解説は多数提供されているので[1]、ここでは全体的な解説は省略して、交通部門の現状と問題点を検討したい。国立環境研究所の報告[2]によると、日本の二〇〇一年度の温室効果ガス[3]の総排出量はおよそ一三・一億トン（CO_2換算）である。そのうち、エネルギーの使用にともなって排出されるCO_2が一一・三億トンで温室効果ガスの大部分を占め、京都議定書の基準となる一九九〇年の排出量（一一・二億トン）と比べると、約八パーセントの増加となっている。ここで、排出される分野別に増加要因をみた場合、交通部門と、業務・家庭部門が大部分を占めている。

その交通部門の中で、項目別に増加要因をみると図4―1のようになっている。貨物輸送から排出されるCO_2は、若干伸びているものの、全体の中ではわずかである。また公共交通系（鉄道・バス・タクシー・航空機等）では、陸上の鉄道とバスからの排出が減少する一方で、航空機からの排出が伸びているが、互いに相殺され、図上ではほとんどゼロとなっている。これに対して、大部分を占めているのは乗用車（業務部門・家庭部門）による増加である。すなわち交通部門での温暖化対策

図４―１　交通の種類別 CO_2 発生量増加

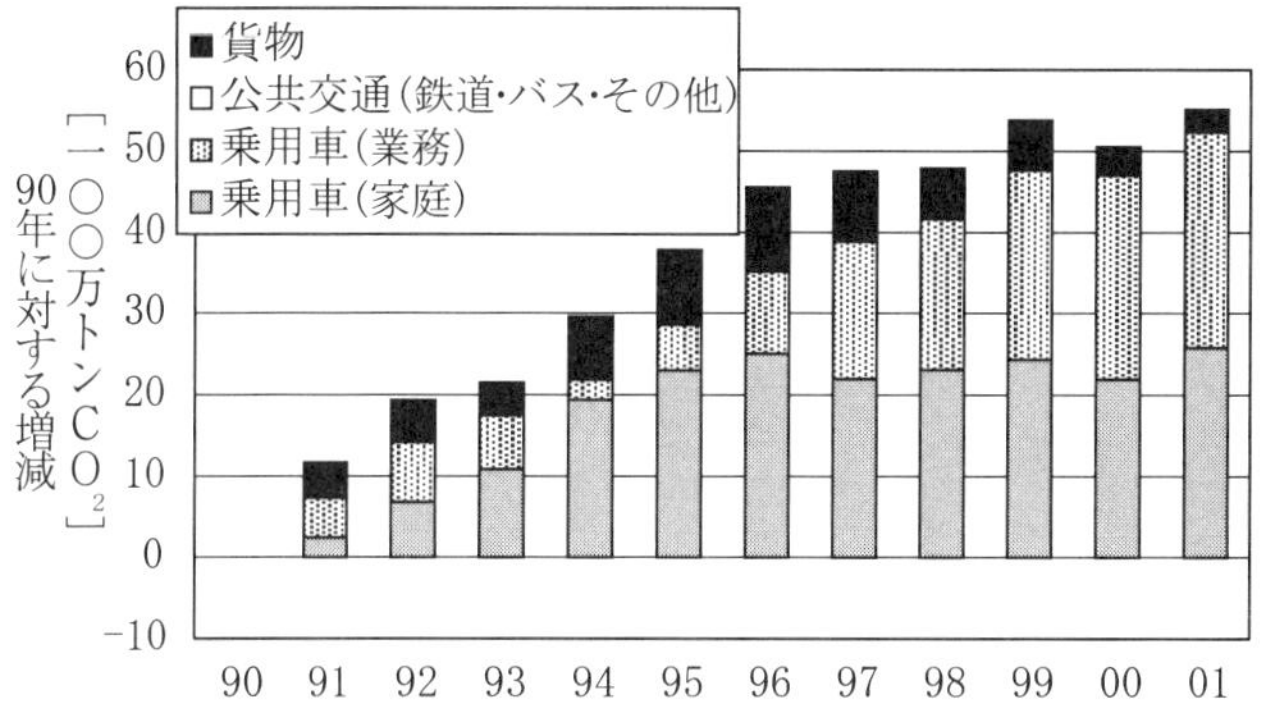

は自動車、なかでも乗用車対策が重点となる。

自動車という物体があるだけでは何も便益を発生せず、道路を利用することによって自動車の便益が発生する。つまり交通環境問題とは、道路問題でもある。二〇〇二年～二〇〇三年にかけて社会的に注目を集めた道路関係四公団の民営化委員会では、環境について直接には触れられなかったが、委員会で論点となった交通需要予測の問題は温暖化と関連が深い。今後長期にわたって自動車交通量が増えるとする国交省側の予測に対して、猪瀬直樹委員や川本裕子委員が、まもなく日本全体の人口減少が始まるのに自動車交通需要が伸びると予測しているのは、意図的な過大推計が疑われると指摘している。これに対して中村英夫委員が次のように述べている。

「川本さんの御意見は、答えは簡単で、どの国もみんな［自動車交通量が］増えているんです。だからこそ、京都プロトコルの際にも自動車交通によるエネルギー消費の増加をどうするのかということを問題にしているんです。これは開発途上国はもちろん、これはものすごい伸びです。だけど、先進国であっても伸びている。これをどうして減らすのか、私自身は自動車交通をさらに伸ばすなどというのは大変まずいと思っているんですが、どの国もそういうことで、これは地球環境上も非常にゆゆしき問題なんです[4]」「私自身、いつも言いますように、環境的には鉄道を推進すべしだというふうに思っています[5]」。

京都議定書で日本は、おおむね二〇一〇年（二〇〇八年～二〇一二年の達成期間）までに、温室効果ガスを九〇年の水準から六パーセント減らすと約束している[6]。ところが交通部門では、今後も自動車の走行量の伸びが予想されるため、交通部門が単独で六パーセント減らすことはとうてい無理と考えられる。このため、他の部門（産業など）の削減分で埋め合わせることを前提に、交通部門では伸び率を抑えて日本全体で帳尻を合わせることになっている。「地球温暖化対策推進大綱[7]」によると、目標達成のためには、交通部門のCO_2を九〇年時点（二億一一〇〇万トン）に対して、一七パーセント増の目標値（二億五〇〇〇万トン）にとどめる必要があると算定されている。図4—2に三本の予想線があり、上から「道路対策なし[8]」「現状」「推進大綱目標」の各ケースを示すが、排出量の実績[9]が「道路対策なし」ケースの線をすでに突破している。これはなぜであろうか。

◆対策メニューの評価

地球温暖化対策推進大綱では、積極的な政策手段をとらない場合の二〇一〇年の交通部門の排出量を二億九六〇〇万トンと予測し、これを「現状ケース」としている（二番目の線）。それと目標

図4—2　交通部門温暖化対策の目標と実績

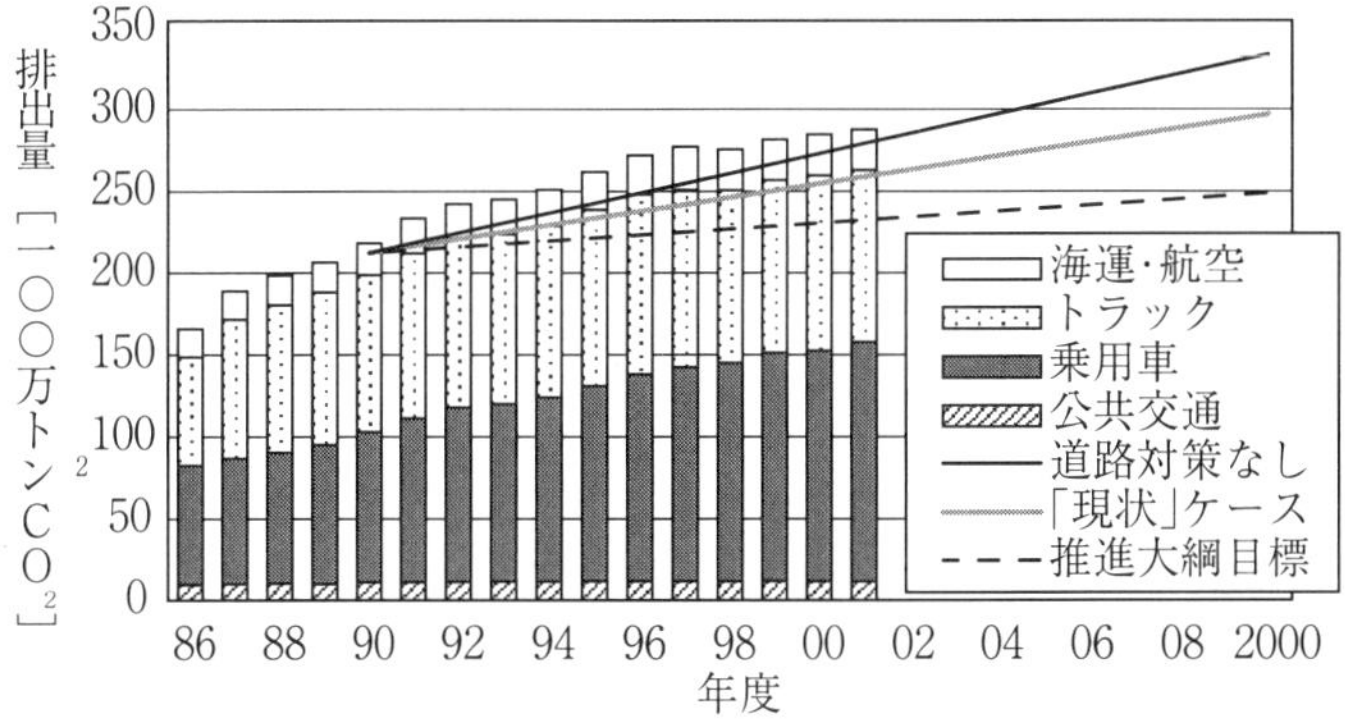

表4—1　CO_2削減量目標

項目		CO_2削減量（万トン）
自動車交通対策	低公害車の開発・普及	2,060
	交通流対策（ITS推進など）	890
環境負荷の小さい交通体系の構築	モーダルシフト、物流の効率化	910
	公共交通機関の利用促進	520
その他		150

値の二億五〇〇〇万トンの差の四六〇〇〇万トンが削減すべき量であり、その内訳の概要を表4—1に示す。[10]

この対策項目に対して中央環境審議会では、推進大綱の交通部門の各メニューに対して、実施の確実性（たとえば法的根拠にもとづいて強制力があるか等）により、表4—2のようにランキングを行っている。[11] それによると、ランクAとして「定量的基準の達成が法的に担保されている」と評価されている項目は「エネルギー使用の合理化に関する法律（略称「省エネ法」）」による自動車の燃費改善のみで、その他は自主的取り組みや普及促進、あるいは今後の開発に期待する技術（まだ実用化されていない）などであり、実効性が期待できない。

しかも自動車の燃費改善についても、カタログ上の燃費の改善を用いた計算上の想定にすぎず、実態燃費との乖離度が年々拡大しているため、これも実効性がない。その理由については後述する。もし燃費対策が破綻すると、交通部門の温暖化対策は全滅である。対策を先に延ばすほど、ますます後で強硬な対策を取らざるをえなくなる。もし、国内の交通体系を持続的な仕組みに軟着陸させたいのなら、いますぐに根本的な対策に手をつけなければならない。

◆道路建設は温暖化対策になるか？

政府のシナリオにはもともと重大な矛盾が含まれている。それは、二〇一〇年までの道路整備による渋滞の緩和効果によって、自動車の燃費が良くなる効果を見込んで、その分の三五〇〇万トンをあらかじめ差し引いて現状ケースとしているためである。[12] しかしこの想定そのものに破綻がある。まず、道路建設そのものに伴ってCO_2が発生する。この量は分類上、交通でなく産業（建設）分野に計上されるため、一見すると交通と関係がないように感じられるが、その量はかなり大きい。

しかも、道路の建設をいかに促進しても、自動車交通量の増加を吸収しきれない。もし自動車の通行量を一定として道路を整備すれば渋滞が緩和され、燃費が改善されるのでCO_2の削減につながるが、自動車の走行量の増加のほうが圧倒的に上回ると予想される。この関係は、第一章で過去

表4―2　対策の評価ランキング

評価	推進メカニズム分類	削減量見積り（百万トンCO_2）	比率（％）	対策
A	定量的基準の達成が法的に担保されている	1,280	27	省エネ法に基づく自動車燃費の改善
B	定量的基準と普及促進施策がある、又は自主的取組	0	0	
C	普及促進施策がある	1,760	37	ＩＴＳの推進による渋滞緩和、テレワークの推進、クリーンエネルギー自動車の導入、トレーラー化、車両の大型化、港湾整備等
D	基本的に啓発が主で効果は利用者に依存	1,610	34	公共交通機関の利用促進、貨物自動車の積載率の向上、アイドリングストップ、急発進等の抑制、買い物等での自動車利用の自粛等
E	現時点で実用投階ではなく今後の技術開発等に依存	110	2	高性能電池搭載型電気自動車等の技術開発
	合計	4,760	100	

三〇年の現実を示したとおり、否定しようのない事実である。このような問題に関して、中央環境審議会（政策部会）でも、道路の整備がますます自動車交通需要をひき起こすという懸念も含めて、国土交通省（旧建設省）に対して次のヒアリングを行っている。[13]

「大都市において道路を整備するとかえって交通需要が増加するとの意見があるが、貴省［註・旧建設省］が講じている温室効果ガスを削減するための道路整備の効果について、道路交通量の将来予測（例えば二〇一〇年度時点）も踏まえ、定量的に説明して下さい（現在、定量的な評価がされていない場合には、評価方法の検討状況を説明して下さい)」

これに対して国土交通省(旧建設省)の回答は次のとおりであった。推計の起点とする一九九四年[14]における、全国の自動車平均速度(技術用語としては「旅行速度」という)は、三一・五km/時であるが、もしそのまま道路整備を行わずに、二〇一〇年時点における予測交通量をあてはめると、全国の自動車平均速度は二七・七km/時に低下(渋滞の増加)する。このとき、交通部門からのCO_2排出量は三億三一〇〇万トンになると予測される。これに対して、道路整備を行うと、全国の自動車平均速度が三四・〇km/時に向上(渋滞の改善)するため、自動車全体の燃費が良くなり、交通部門からのCO_2排出量が二億九六〇〇万トンになると推計し、双方の差の三五〇〇万トンを道路整備の効果としてあらかじめ見込むとしている。

本来、道路整備による走行速度の向上を推定するには、具体的にどの道路がどれだけ新設(拡張)されるかを設定してシミュレーションを行う必要がある(第2章参照)。しかし、個々の道路整備について、どのていど詳細に推計したのかは国土交通省から示されていない。そこで、個々の道路の交通需要推計・走行速度予測を、統計からマクロ的に推計する方法を文献[15]から検討してみる。たとえば市街部では、走行速度は車線延長の〇・七五七乗に比例して増加(車線増加による速度向上の効果)するが、逆に交通量の〇・七八六乗に反比例して低下(交通量増大による速度低下の影響)するという双方のバランスで決まる。

この関係から、市街地においては、かりに自動車走行量がある倍率で増えたとすると、同じ走行速度を維持するには、道路容量（車線数）をおおむね同じ倍率で増やさなければならない。自動車走行量は、温室効果ガス削減の起点である一九九〇年から二〇〇〇年までの間に、およそ四割増えている。かりに同じ走行速度を維持するにしても、道路容量（車線数）を同じくらいの比率で増やさなければならないが、それは現実に不可能である。第一章に示すように、全国の道路における全国の自動車平均速度が、この二〇年で改善どころか低下気味でさえあるという事実はそれを裏づけている。

道路特定財源の税源は、ガソリン税や軽油引取税のように燃料に課税されているから、燃料の使用量、すなわち自動車の走行距離に概略で比例しており、税収はほとんどそのまま道路整備に投資されている。ところが道路利用者からみると、いつも道路工事が行われているのに、いっこうに渋滞が解消された実感が乏しいが、それは理論からも実測からも裏づけられる。なお本章では、特に地球温暖化（CO_2排出）に注目しているが、CO_2の排出と大気汚染はおおむね類似した動きを示すので、CO_2の排出が改善されなければ、大気汚染もまた改善されないのである。

◆道路整備効果の実績も不明

財源の制約からみても、道路投資を現状より増やすことは考えにくい状況のもとで、全国の自動車平均速度が画期的に向上する見通しはないと判断するのが当然であろう。中央環境審議会（政策部会）では、対策の進展状況と評価について旧建設省に対して下記の質問をしている。

「以下の施策について、どのような指標を用いて進捗を評価しているのか、どの程度進捗したのか。また、これにより温室効果ガスはどの程度削減されたのか、定量的に説明して下さい（現在、定量的な評価がされていない施策については、評価方法の検討状況を説明して下さい）。さらに、今後の施策の実効性を確保するためには、現行の推進メカニズムで十分なのか、新しい推進メカニズムが必要なのか、具体的に説明して下さい［以下略］」

これに対して旧建設省は、国道一六号線でバイパスを整備した事例（道路整備）、松江市で時差出勤により渋滞を緩和した事例（交通需要マネジメント施策）を提示しているが、局所的な二例のみであり、全国的にどれだけのCO_2が削減されたのかを示さず、「定量的に説明して下さい」という質問には答えていない。なお二〇〇四年には、推進大綱の見直しが行われる[16]が、道路整備の効果が破綻している点についての言及はみられず、しかも三五〇〇万トンの架空の削減を参入したまま推進大綱が引き継がれている。最近の「社会資本整備審議会」の環境部会[17]においても、やはり局所的な実施例が数例示されたのみで、道路ネットワークの整備は「着実に行っていくもの」とのあいまいな記述にとどまっている。

◆どのくらいの対策が必要か

一方、逆の見方からのシミュレーションも報告されている。国土交通省の「新道路技術五箇年計画」

表4—3　対策の必要施策量

地球温暖化推進大綱における対策		削減見込み量 万トン（CO_2 換算）	設定した施策の内容	必要な施策量
自動車の燃費改善の強化		1,390	自動車の燃費改善	6.2%改善
クリーンエネルギー自動車の普及促進		220	低公害車の導入	乗用車の 9.3%に電気自動車普及
低公害車普及の急速な進展		260		
自動車交通需要の調整		70	自転車道整備	道路の 0.6%に自転車道を整備
テレワーク等情報通信を活用した交通代替の推進		340	在宅勤務の推進	都心の第 3 次産業就業者のうち 63.3%が実施
トラック輸送の効率化	ケース 1	290	広域ターミナル整備	1 平方kmあたり 1088 ㎡のターミナルを整備
	ケース 2		都市内ターミナル整備	1 平方kmあたり 266 ㎡のターミナルを整備
			共同集配	都心への貨物車の 90.7%が実施
公共交通機関の利用促進		520	鉄道運賃の値下げ	22.7%値下げ
			バス利便性の向上	バスの運行本数を 100%増加

という研究プロジェクトでは、温暖化推進大綱の目標削減量を達成するためには、どのくらいの事業実施量が必要かというシミュレーションが報告されている[18]。ここでは道路整備でなく、各種の交通需要マネジメント施策のメニューが検討されているが、表4—3でそれぞれのメニューにおける削減量を達成するために、実施すべき施策量が計算されている。

　このように結果が出ているが、必要な施策量をみると、たとえばテレワーク（情報通信を活用した在宅勤務）については、都心の第三次産業就業者のうち六三・三パーセントが実施することが必要としている。いかに強力な誘導政策を実施したとしても、二〇一〇年まで、すなわち本書執筆時点であと六年で、このようなテレワーク体制が実現するとは思われない。また鉄道運賃の二二・七パーセント値下げ、バスの運行本数の一〇〇パーセント増加についても、交通事業者のほとんどが民営企業であり、独立採算制を要求されている現状を前提とするかぎりは、現実性が乏しい。逆にこの報告は、推進大綱における削減目標が過度に楽観的に設定されており、実効性が乏しいことを検証したものといえよう。

このほか、推進大綱の実現可能性について検証した報告として、日本交通政策研究会の検討チームによる分析[19]、環境省の報告等[20]がある。前者の報告では、削減可能量とされるものの中に、根拠が不明確なもの、過大推計と思われるものが多いことが指摘されている。また後者でも、ITS（高度道路情報システム）等による渋滞緩和効果は、道路側と車両側のインフラが普及しなければ効果が期待できないし、自動車の走行量そのものを抑制しないとすれば、リバウンド現象（渋滞が緩和された分だけますます自動車が利用される）が予測されることから、CO_2削減効果は見込めないとしている。

◆幻想にすぎない燃料電池

自動車のエネルギー効率を画期的に改善する技術として、燃料電池車に期待が集まっている。しかし、まだ試作車的な少数の車両が存在するに過ぎない。二〇〇三年時点で官庁が八台導入し、さらに燃料電池バスが運行を開始したが、デモンストレーションにすぎず、環境的な効果は皆無に等しい。燃料電池実用化戦略研究会によると、二〇一〇年に五万台、二〇二〇年に五〇〇万台、二〇三〇年に一五〇〇万台の導入が期待されているが[21]、政策的な裏づけがあるわけではなく、あくまで願望である。特に二〇一〇年までの京都議定書の温室効果ガス削減という枠組みに対しては、かりに期待どおりの五万台が普及したとしても、国内の乗用車の四三〇〇万台中の五万台では環境的にほとんど意味がない。

一方、二〇二〇年以降の、一〇〇〜一〇〇〇万台の普及水準になると、車両そのものよりも、水素の製造と水素ステーション（供給所）のインフラが問題になる。しかしそれを実現する整合的な政策は具体的に立てられていない。燃料電池実用化戦略研究会では、二〇一〇年に五〇〇カ所、二〇二〇年に三五〇〇カ所、二〇三〇年に八五〇〇カ所としているが、これも裏づけのない期待である。かりに実現したとしても、全国に五万三〇〇〇カ所存在する現状のガソリンスタンドと比べて利便性が劣り、燃料電池車の利用は限定的にならざるをえない。

こうした現実を無視して、「水素は水が原料なので無尽蔵に得られる」とか「排気ガスが水だけなので無公害」といった、非科学的な幻想がマスコミを介して流布されており、かつて「核エネルギーは無尽蔵の夢のエネルギー」とか「核兵器は最終兵器なので平和をもたらす」等の風説が流布されていた半世紀前と同様の状態である。化学系の専門家は「しっかりした技術の評価も無く、実にお気楽な調子の解説を集めたものが多いのに驚かされた」と評価している[22]。クルマの低公害化がクルマの使用に対する心理的抵抗を緩和し、道路交通需要を増大させるとして、次のように予測する論者もある[23]。「燃料電池車の実用化も数年先と迫っており、自動車は技術革新によりさらにグリーン化されるであろうから、ドライバーも自動車利用にともなう罪悪感を払拭でき、自動車利用はより個性的かつ多面的となるであろう。そのとき生まれる新しい道路交通需要にたいして、現在の道路網の形態や道路構造で対応できるかどうかは定かでない」。

◆普及を妨げる壁

もともとあてにならない燃料電池の普及をさらに妨げる壁は、じつは自動車業界の中にある。ふつう我々が知っている「自動車メーカー」は、最終の組み立てメーカーにすぎず、下請け・孫請けの膨大な自動車産業のピラミッドの頂点にすぎない。自動車産業のピラミッドは石油系燃料を使用する内燃エンジンを前提に構成されている。燃料電池の普及は、それを根底からくつがえすものであり、自動車産業全体が燃料電池、あるいは水素エネルギー体系への転換を志向しているとは考えにくい。現実に自動車メーカーは、今なお海外に在来の内燃エンジン車を前提とした生産拠点を展開している。そうした大規模の設備投資を、今後短期間のうちに廃棄することは考えられない。すなわち、燃料電池車は部分的に普及するとしても、依然として内燃エンジン車がかなりの比率で残存する。

ところで燃料電池のエネルギー効率が良いというが、地球環境問題の観点からは、燃料が採掘される段階から、それを輸送・精製し、末端ユーザーに供給することまで含めての総合効率として評価する必要がある。それぞれの過程ごとにエネルギー損失が生じるし、水素を製造する過程でCO_2が発生する。これは「ウェル・トゥ・ホイール（井戸から車輪まで）効率」と呼ばれ、現状で公道を走行できる状態の燃料電池車では、この総合効率はガソリンハイブリッド車（トヨタのプリウス等）よりも低く[24]、戦前の鉄道にも劣るていどの効率しかないのである。

燃料電池は、今後一〇〜二〇年の間では大量の普及は望めないため、それ以外の低公害（高燃費）車の普及を期待する意見もある。推進大綱の見直しでも、低公害車の加速的普及という項目が追加されているが、それも安易に期待することはできない。一九九〇年を起点とすると、京都議定書の目標達成のための期間は、すでに三分の二を過ぎているが、自動車全体に占める低公害車の比率は、CO_2削減目標の達成にはほとんど効果のない低い値にとどまっている。

●温暖化と自動車交通

◆カタログ燃費と実態燃費

温暖化防止の各種施策の中で、唯一有効性が期待できるのは自動車の燃費改善であるが、これも実現性は乏しい。多くの自動車のユーザーは、実際の路上で、カタログどおりの燃費が発揮されない事実を常に体験している。しかし政府のシナリオは、あくまでカタログ燃費（正式にはモード燃費）

を用いた机上の計算値だからである。自動車は、加速・減速を避けて一定速度で走行するときに最も燃費が良くなるが、実際の路上ではそのような走り方は不可能である。一般道ならば、渋滞がないとしても交差点や横断歩道等のために発進・停止が必要となるし、高速道路であっても、他の自動車との関係によって、なんらかの加速・減速が不可避である。このため、路上の走り方に近い加速・減速のパターンを設定して燃費を測定するように決められている（排気ガス規制についても同じパターンが用いられる）。乗用車については「一〇・一五モード」として定められ、図4―3のような速度パターンである。

ところで、この一〇・一五モード（カタログ燃費）について、燃費というものがどのような要素によって決められるのかを考えてみよう。図4―4は、国内のガソリン乗用車すべてについて、車両重量と燃費の関係を示したもの[25]であるが、燃費はほとんど車両重量で決まることがわかる。したがって燃費を改善するには、軽いクルマにすることが最も確実な方法である。ただし図4―4の中で燃費が飛びぬけて良い点がいくつかあり、これがハイブリッド車の燃費を示している。しかしそれでも、車体重量二トン級のハイブリッド車は、車体重量一・〇～一・二トン級の普通のガソリン車と同程度の燃費である。わざわざ重量級の車種を選んでおきながら、ハイブリッドであるから低公害だと考えるのは愚かな選択である。

またモード燃費の測定事態にも、いくつか疑問点が指摘されている。モード燃費の測定は、実際には路上を走らせるのではなく、シャシダイナモという模擬負荷をかけた試験台で行われるため、カーブや坂道のある実際の路上を必ずしも反映しない。またカーエアコンも取り付けない状態で測

図４―３　10・15 モードの速度パターン

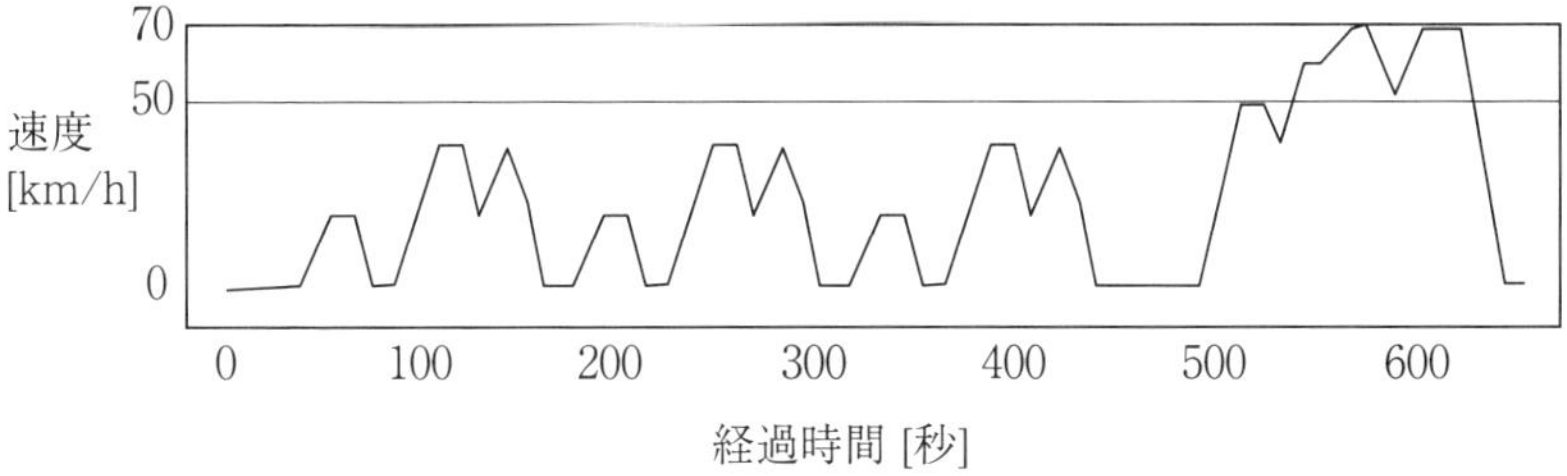

図４―４　国内ガソリン乗用車の燃費一覧

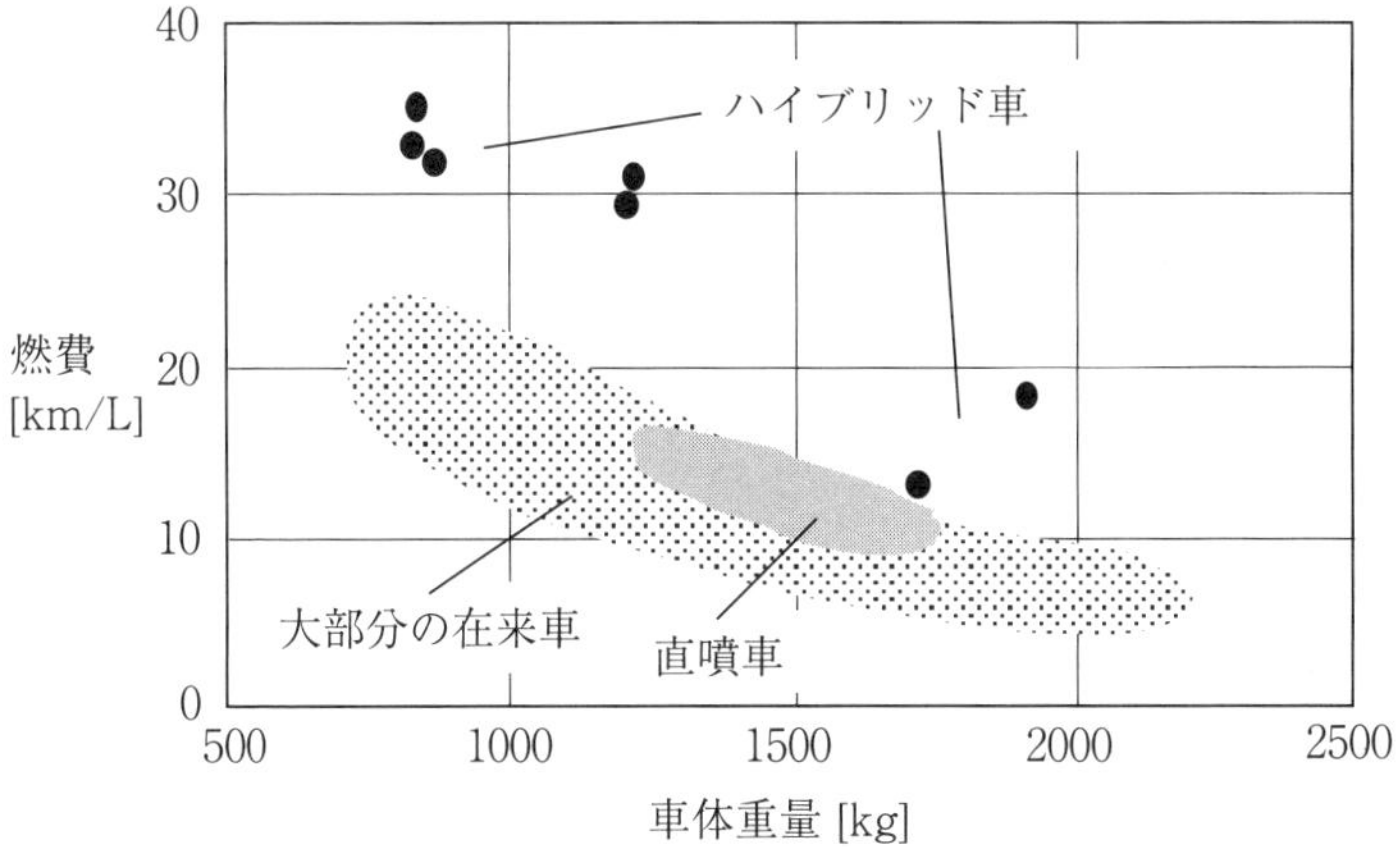

定される（通常、カーエアコンを作動させると二割程度の燃費の低下がある）。関係者の指摘によると、測定に際して、車両はメーカーが持ち込み、運転操作はメーカー専属のドライバーが担当するため、運転操作が実際の路上とかけ離れた巧妙なテクニックにより行われているという指摘も聞かれる。

◆実態燃費を左右する要因

計算上の燃費と実態燃費の差は、統計上でもすでにあらわれている。温暖化対策として、改正省エネ法により自動車の燃費改善が制度的に義務づけられ、トップランナー方式[26]による新車の燃費改善が予定通り進展していると報告されている[27][28]。自動車は使い方にもよるが、数年〜最大一〇年くらいの間に、徐々に新車に置き換わる。このため、燃費の良い新車が徐々に市場で置き換わってゆくことにより、日本全体に存在する自動車の平均燃費が良くなってゆくと期待されている。しかし実態はそうなっていないのである。

一〇・一五モード燃費をもとに、それぞれの年式ごとの自動車がどのくらい保有されているかによって、計算上の燃費を求めたものが、図4―5の▲の線である。これからみるかぎり、全体の平均燃費は順調に改善されているようにみえる。ところが、実際に消費されている燃料の量と、走行実績から、実態燃費を求めてみると、図4―5の●の線のように、増加の傾向にある。双方の比率の差異が「乖離率」と呼ばれ、中央の◇の線であらわされる。すなわち、モード燃費（カタログ燃費）と、実態燃費の乖離が年々ひどくなっていることを示している。

図4―5　モード燃費と実態燃費の乖離

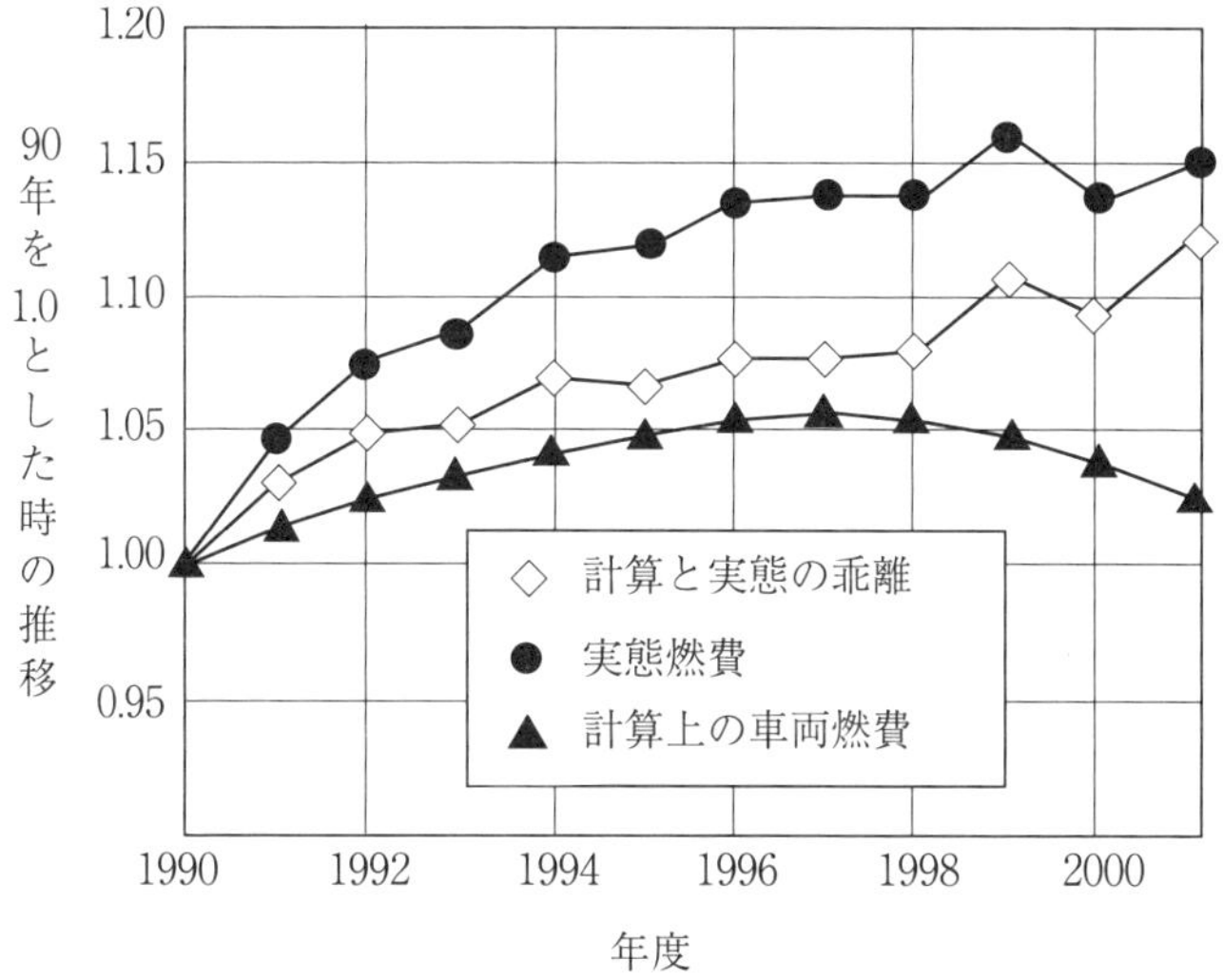

この関係を逆手にとって、渋滞を解消するために道路を整備すれば本来の自動車の燃費性能が発揮されるのだという主張が自動車業界からなされているが、第一章で示したように、道路整備は自動車交通量の増加に追いつかず、走行速度が改善される可能性はない。自動車交通が集中し、渋滞が起きるような都市や周辺では、すでにオフィスや住宅が立ち並んで、道路を拡張することは物理的にも社会的にも困難である。その一方で、人口密度が少なく道路を作りやすい地域では、もともと渋滞がほとんど存在しないので、道路を整備しても燃費は現状と変わらない。自動車交通部門における省エネ対策は、道路交通量の削減しかありえない。

実態燃費は季節や気象によっても影響され、特にエアコンの影響がみられる。インターネット上の燃費実績収集システムを利用して、多数の車種に対して、一〇・一五モード燃費（カタログ燃費）と、実態燃費を整理した報告もある。[29] 図4―4のカタログ燃費の一覧よりも、実態であるからばらつきが大きくなっていることは当然だが、車体重量によってほとんど決まってくる関係が同様に示され、それとともに、カタログ燃費に対して、実態燃費の全体が数十パーセント大きく（効率が悪く）なっていることが示されている。

この報告では、都道府県ごと、及び月別平均気温に対する実燃費も測定しているが、年間平均気温が相対的に低い地域では冬期に、高い地域では夏期に実燃費が低下する傾向が見られる。また五月はエアコンを使用する頻度が減るとともに、長距離（連休のため）を走行する車両が増加する影響も考えられ、実燃費は他の月と比較して向上する都道府県が多い。このように、一〇・一五モード燃費（カタログ燃費）だけではあらわせないさまざまな要因があり、一〇・一五モード燃費（カタログ燃費）の改善のみに注目した温暖化対策では、実効性が乏しい。

実態燃費の問題では、さらに変動要因がある。たとえば、どの道路でも必ず何台かの路上駐車がみられる。路上駐車がなければ、各々の自動車は、渋滞していないかぎりは、前車との車間距離に応じて多少のアクセルの加減を行いながら、おおむね一定速度で走行することができる。ところが路上駐車があると、たとえその区間で路上に停めている自動車が一台であっても、後続の自動車がつぎつぎと影響を受ける。もし道路が二車線（片側一車線）であると、状況によっては駐車車両をよけるためにセンターラインをはみ出す可能性があり、速度を落とすだけでなく、いったん停止して再発進する状態も起こりうるし、対向車に対しても影響をおよぼす。

図4—6　速度パターンと燃費

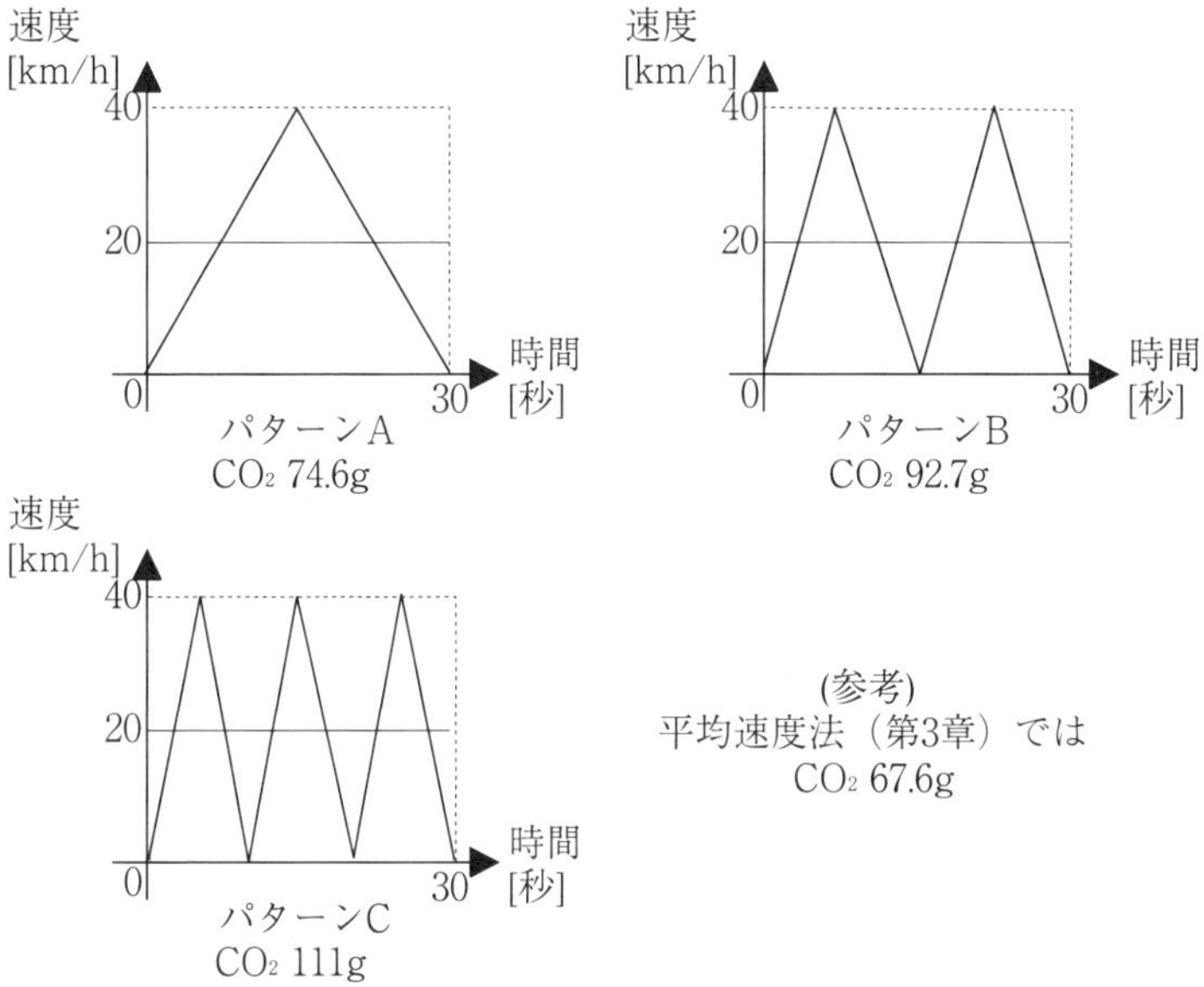

このような場合に、燃費（燃料消費）がどのようになるか考えてみよう。図4—6は、ある区間を同じ平均速度で走行して燃料消費を測定した結果であるが、三つのパターン（A～C）があり、Aのように一回の加速だけで走行したケース、逆にCのように途中で二回停止したケースなどを比較している。[30]その結果、結果として同じ時間内に同じ距離（すなわち同じ平均速度）で走行したにもかかわらず、AとCではCO_2の排出量が五割近く異なっている。路上に停めている自動車が一台であっても、そこを通過する自動車すべてにこのような影響が及ぶ。

通常、一車線の道路に対して、一時間あたり約一〇〇〇台前後（片方向）までは、おおむねスムースに自動車を流すことができるが、そこに路上駐車があると、その道路を利用するすべての自動車に対して速度の乱れが発生する。多額の税金を使って道路を整備しても、そこを駐車場がわりに使う自動車ユーザーが少しでもいると、たちどころにその道路を利用するすべての自動車の燃料消費が二倍（燃費が半分）になってしまうこともある。これでは、ざるに水を注いでいるようなものではないだろうか。

いかなる「低公害車」であっても、その自動車が路上に駐車すれば、他の自動車に対して「増公害車」になってしまうのである。実は、このような研究は最近の数年になってようやく行われるようになった。このため、まだ実際の交通計画に適用したり、交通規制などを実施した結果として、どのくらい環境改善効果があったかを評価するほどのデータが整備されていない。長い自動車技術の歴史の中で、このていどのデータがまだ整備されていないことに驚きを覚えるが、環境問題が常に先送りにされてきたことを示している。

政府の温暖化防止対策推進大綱では、自動車本体の省エネが重要な対策として位置づけられているが、いかに省エネタイプの自動車の比率が増えても、一部でもマナーの悪い利用者がいるかぎり、自動車交通全体として、省エネの効果が発揮されることは期待できないのである。しかし現実の問題として、すべての自動車利用者のマナーが一致して向上することはありえないだろう。この点から考えても、自動車交通量の総量対策こそ現実的な唯一の選択である。

◆道路工事が発生するCO_2

道路整備によって渋滞を解消し、自動車の燃費が改善されるというが、その道路整備の工事そのものがCO_2を発生する。道路工事にはセメントや鉄鋼を使い、作業にもエネルギーを使用する。国立環境研究所のデータから[31]、道路関係公共投資の分野では、生産者価格一〇〇万円あたり三・五一トンのCO_2が発生するという係数が求められているので、道路投資の額にこの係数を乗じることによって、道路整備そのものに起因するCO_2の発生量を推計することができる。

ある都道府県の実際の数字から計算してみる。この県では二〇〇三年度において、道路関係の予算として直轄事業二五九七億円、補助事業一〇八七億円を計上している。詳細な内訳が不明であるので、補助事業については県の予算と同額の補助金が交付されるものと仮定すると、全体で四七七一億円が道路に使われることになる。これを前述の係数に乗じると、この県内の道路建設により毎年一六九万トンのCO_2が排出されていると推算される。

一方で、この県では地球温暖化防止計画を策定し、二〇一〇年度における温室効果ガスの排出量を、一九九〇年に対して九・二パーセント削減するとしている。これ自体は意欲的な取り組みとして高く評価できるが、政策全体の整合性はどうだろうか。県内の交通部門からのCO_2発生量をもとに、目標とする比率で削減する量を求めると一二二万トンになる。この県では、交通部門で削減すべきCO_2の量を、道路建設によって打ち消してしまうことになる。

なお、この計算を全国に適用すると、二〇〇二年度の道路予算総額（高速道路関係も含む）に前述の数字をかけると、六一〇〇万トンのCO_2（日本全体の約五パーセント）が発生していることになり、自動車の燃費改善に関する削減量を優に上回る量となる。一方、第一章に示したように、自動車関係の諸税をほとんどそのまま道路整備に回していても、自動車交通量の増加に対して道路整備が追いついていないのであるから、もともと道路整備による環境の改善は絶望的であり、現在の道路整備は、単に環境負荷を増加させる影響しかもたらしていないと考えられる。

別の側面からの検討として、公共投資で道路を建設することと、同じ額で住宅の省エネ化を促進することを比較して、エネルギー消費や経済にどんな影響があるか、という試算がなされている[32]。計算にあたり、道路建設による渋滞解消も考慮しているにもかかわらず、結果は住宅省エネ化事業のほうが、わずかながら道路建設よりもGNPが大きくなった。渋滞解消効果よりも道路の建設に要するエネルギーのほうが多いので、道路投資のほうがCO_2の排出量が増えるとしている。これに加えて、道路の建設がますます交通需要を引き起こす効果を考えると、道路建設がCO_2の削減につながるという説明は全く現実性がない。

●道路整備がもたらす別の側面

◆遠い食卓――フードマイルズ

図4―7は、いくつかの食料品の種類について、ここ四〇年あまりの輸送距離を示したものである。私たちの日常の食卓に上る食品は、自動車による輸送に依存する比率が増え続けている。一般

に食の問題で指摘される事項として、食材そのものの安全性、さらに食料の国内自給率の低下、メニューの洋風化（肉類や脂肪の摂取増加）による健康への影響などが挙げられる。しかしそれらを別として、伝統的な和食の食材だけでみても、都市の市場へ、より遠方から搬入する輸送が増加している。たとえば一九六〇年代中期には、東京都中央卸売市場に入荷する生鮮食料品の約四〇パーセントが一〇〇キロメートル以内、すなわち都内や近隣から輸送されていたものが、一九九〇年代になると、その割合が二〇パーセント台に減っている。

逆に、九〇〇キロメートル以上の遠方、すなわち東京からみると北海道などの遠隔地から輸送される生鮮食料品の割合が、同じく一九六〇年代中期に一五パーセント程度であったものが、一九九〇年代になると二〇パーセントを超えている。そのほか、一〇〇〜三〇〇、三〇〇〜九〇〇キロメートルなど、あらゆる距離帯において、長距離輸送の傾向が明確にみられる。[33] なお食料品の輸送距離が伸びるということは、トラックの走行を通じてエネルギーの消費が増加したり、排気ガスによる汚染が増加するなどの直接の影響に加えて、長距離の輸送に耐えるために梱包・包装が強化され、それが結局はごみを増やしていたり、冷凍・冷蔵のエネルギー消費、防腐剤の使用など、副次的な影響も少なくない。

「荷傷みの減少、梱包費の節約等」は、日本の高速道路が延びはじめた一九七〇年代から繰り返し言われている。特に生鮮食料品の輸送について、振動や発進・停止の多い一般道路を通行するよりも、高速道路でスムースに輸送すれば、品質の劣化が少なくなり、大消費地に対する生鮮食料品の安定供給にも寄与するという説明である。しかし今やそれは、本末転倒の事態を招いている。本

図4—7　食料品の輸送距離

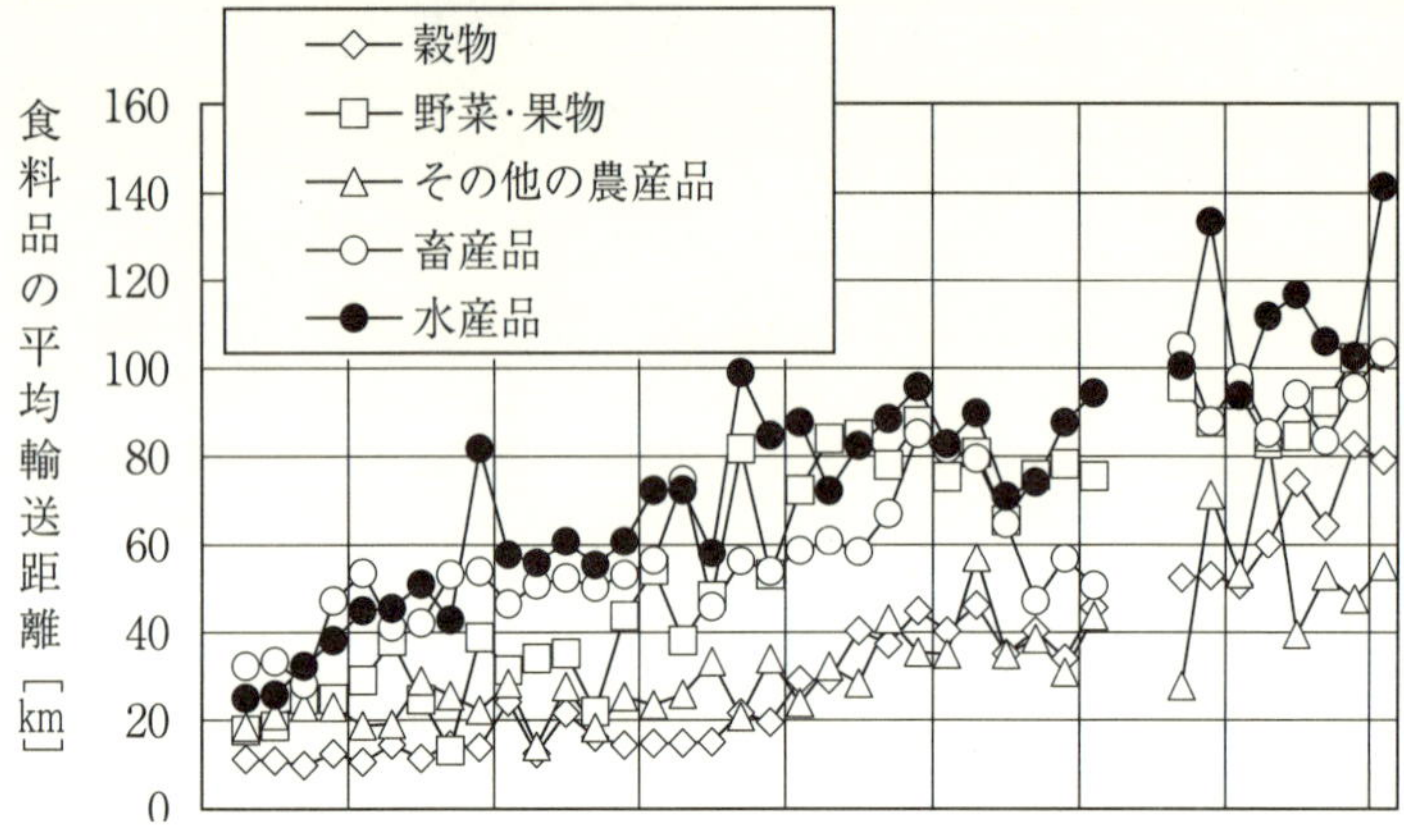

来の品質の保持、能率の向上という目的が逆転し、いかに遠方から食料品を輸送するかという問題になっているからである。一方でそれは、長距離トラック乗務員の過重勤務もひき起こしており、交通事故など派生的な社会問題にもつながる。

◆夕食メニューとCO_2

北海道や九州で生産された生鮮食料品が東京や大阪に運び込まれ、逆に農山村地域の商店にさえも遠方で作られた加工食品が並んでいる。あるいは季節外れの食品をいつでも食べられる。こうした状態が、生活の質の向上であり、良い価値であると考えるかぎりにおいては、たしかに高速道路は社会に便益をもたらす。しかし便益の裏には必ず費用がともなう。もし総費用が総便益を上回っているならば、高速道路網の発達が人々に利益をもたらしたとは言えない。

環境学習の一環として、実際の夕食の献立を事例として、フードマイルズによる環境負荷を実証した環境ＮＧＯの試みがある[34]。学習の参加者をグループに分け、それぞれ一九六〇年代と現在の双方の条件で、一定の予算の枠内で夕食の献立を考えてもらい、地場の商店やスーパーマーケット等で実際に買物をしながら食材の産地を調べ、その食材がどのくらいの距離を輸送されてくるのかを記録した。そのデータを用いて、食材の輸送過程で発生するCO_2が算出された。

一九六〇年代と現在では、食材の選択において大きく異なる点がある。一九六〇年代には、統計によると大部分の野菜が多くとも一〇〇km以内の近隣県から供給されるとともに、いわゆる「旬」の区別が明確であり、たとえばトマトを冬に購入することはまれであった。しかし現在は、価格の変動はあるにしても、同じ食材がほとんど年間を通じて供給される。季節に応じて仕入れ地を移動することによって、冬でもトマト、夏でも大根が店頭に並ぶ状態があたりまえとなった。その裏では、旬の季節が外れるほど遠方から食材が輸送されてくることになり、また海外からの輸入も増加している。

この学習の試みは夏に実施されたが、一九六〇年代の夏には購入できなかったはずの食材をあらかじめリストに示し、一九六〇年代を担当するグループは、その食材を使用せずに献立を考えるという条件で買い物を行った。他のグループは現在の条件で食材を購入するが、そのうち一つのグループは、できるだけ安い食材を選ぶという条件で、また別のグループは、現在の店頭に並ぶ食材の中でも、できるだけ産地を調べて近隣ものを選ぶという条件で買い物を行った。こうした試みの結果、食材の選び方によって、ある一回の夕食の献立を作ることに対して、その裏で輸送にかかわる

図4—8　買い物ゲームと輸送のCO_2

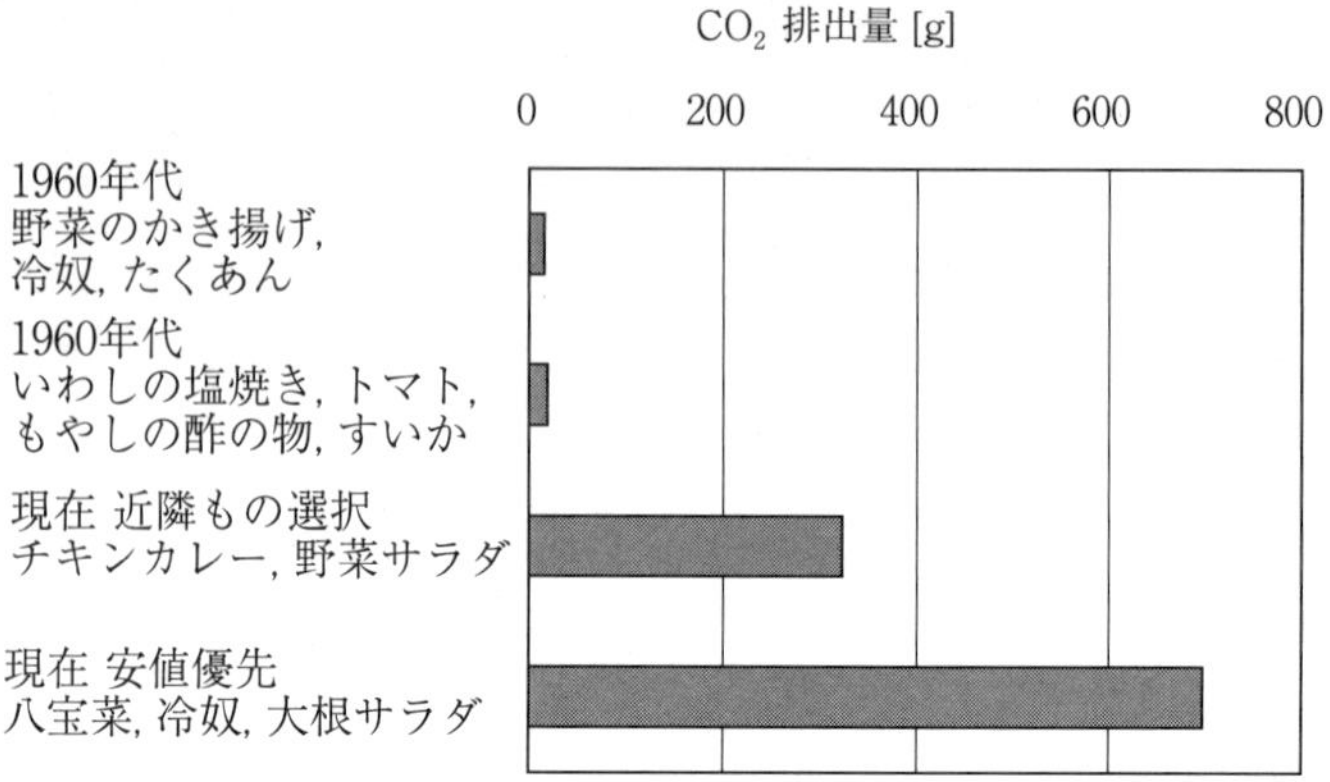

CO_2の発生が極端に異なることがわかった。

結果は、図4—8に示すように、一九六〇年代を想定した献立を作ったグループは、その食材の輸送にかかわるCO_2の発生量が合計で一五～二〇グラムていどであった。これに対して、現在の食材で、しかも安価を優先した献立を作ったグループでは、CO_2の発生量が七〇〇グラム近くに達した。また現在の想定であっても、できるだけ近隣物を選んだグループでは、CO_2の発生量が、安値優先のグループの半分程度になった。輸送にかかわる環境への外部費用が商品の価格に反映されていないために、「遠くから輸送してくるほど安くつく」といった矛盾が生じていることも指摘される。

◆鉄道駅が温暖化を防止する

自動車用燃料の消費実態は地域差が大きい。通常、人口密度が低い地域では公共交通が不便であり、また買い物など日常の用事を足すにも移動距離が長くなるため、

図４—９　地域区分とガソリン換算消費量

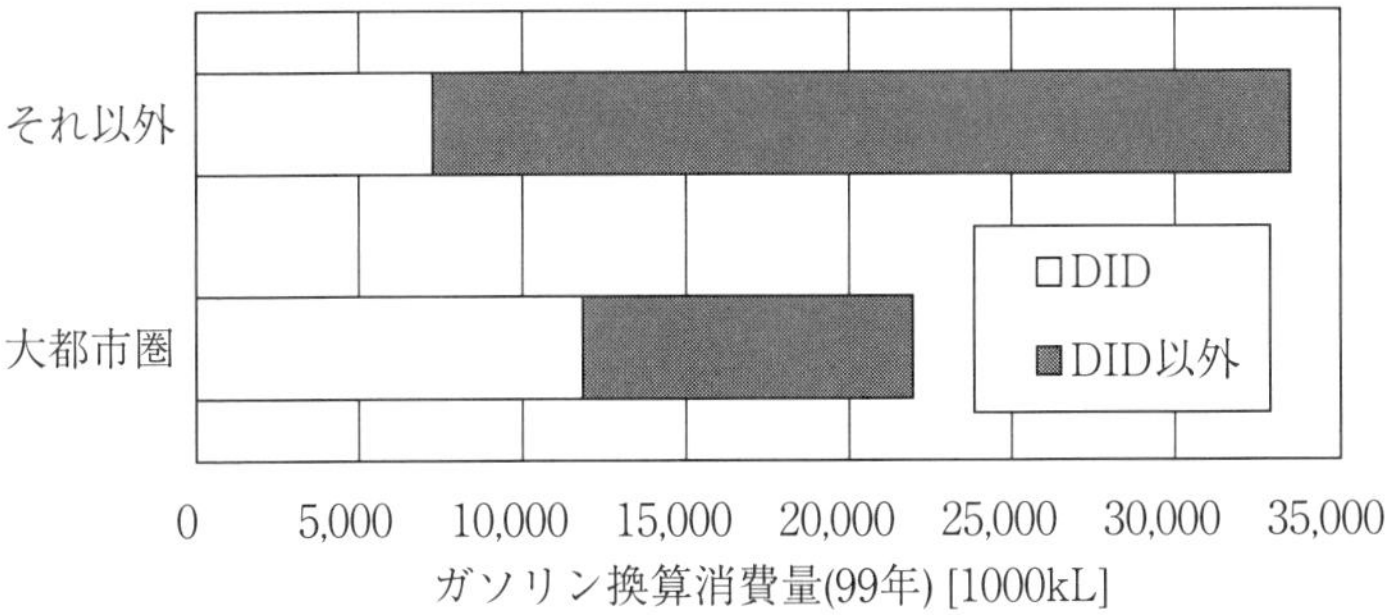

クルマ依存度が高まり燃料の消費量が増加する。ここで、ごく大まかに全国を大都市圏（東京都と周辺三県、および愛知・三重・京都・大阪・兵庫）とそれ以外に分類し、さらにそれぞれをＤＩＤ（人口密集地・第一章参照）と、それ以外に分類して、全体の四区分について自動車燃料消費量（ガソリン換算）を推計した量[35]を図４—９に示す。

　この区分によると、大都市圏以外、かつＤＩＤ（人口密集地）以外での燃料消費量が最も大きいことがわかる。すなわち国全体でみると、その区分に該当する地域が増加すると、人々が周囲の人々と同じ平均的な暮らしを営んでいるかぎり、必然的に自動車用燃料の消費が増大してしまう。

　また図４—10は、ＤＩＤ面積の拡大と、そのＤＩＤ内部での人口密度の減少、すなわち都市のスプロール化の推移を、一九六〇年代から示したものである。農村から都市への人口移動が起きるとともに、都市域の拡大、すなわちスプロール化が起きる。一方、都市域の人口密度は低下する。そうした状態になると、生活に必要な施設

図4—10　DIDの変化

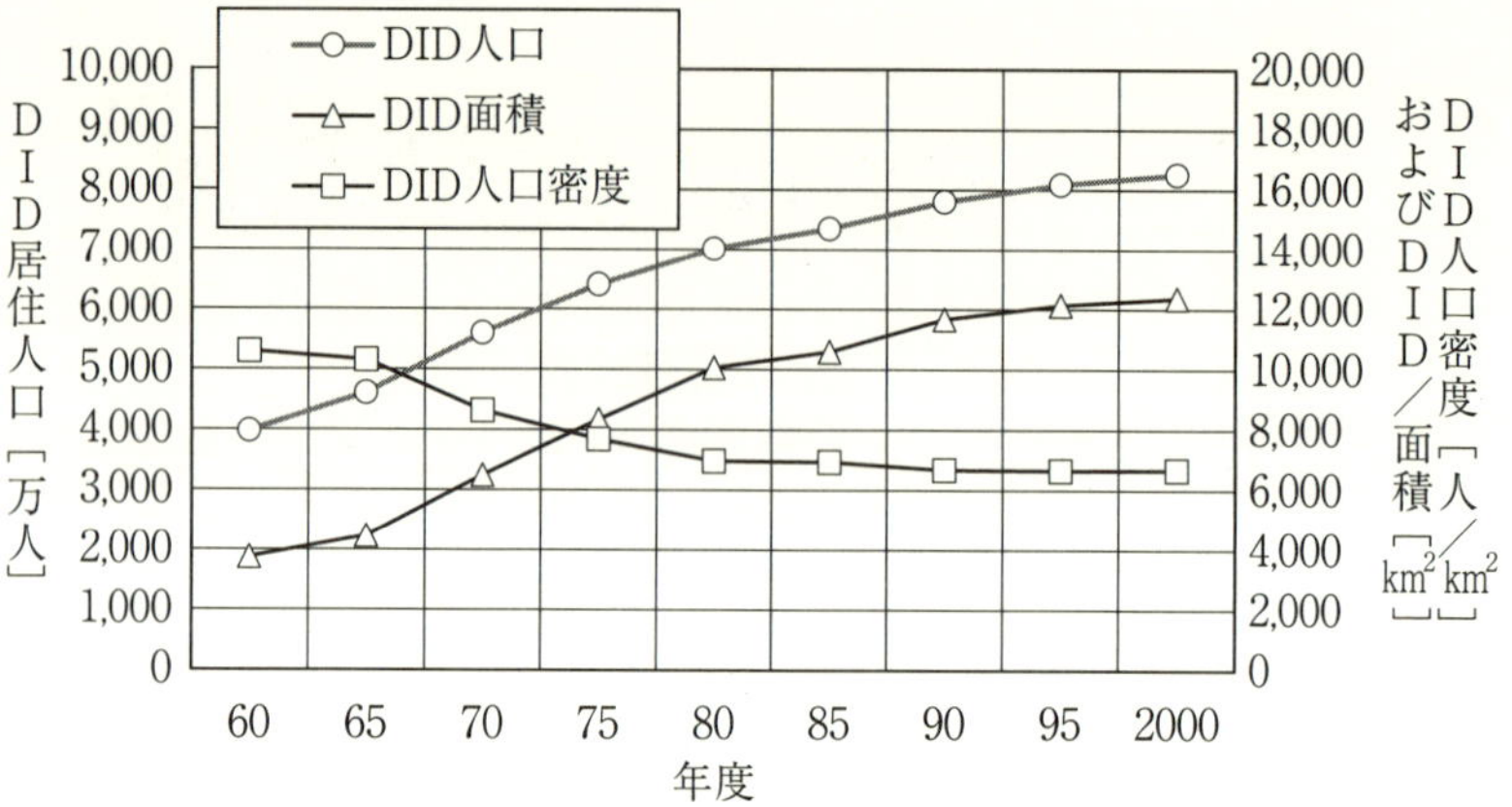

が散在し、暮らしに必要な移動をマイカーに依存する機会が増えるとともに移動距離も長くなる。ＤＩＤ化の増加のスピードは、一九九〇年代後半から減速の傾向にあるものの、今後一〇～二〇年ではまだ増加の可能性があり、自動車依存度が高まることが予想される。

また、公共交通としてバスを想定すると、もしＤＩＤの面積が二倍に広がると、それまでと同じサービス水準（運行便数、あるいは運行間隔）を保つには、営業路線の長さも二倍にする必要がある。ＤＩＤ面積が増加するのと同時に人口密度の低下をともなうから、運行サービス量を増やしても、比例して乗客が乗ってくれるわけではない。事業者としては、一定の乗務員と車両を従来より多くの路線に割り振ることになり、一つの路線あたりの運行間隔の間引きが必然的に生じる。

それでは、ＤＩＤの構造を守るにはどうしたらよいのだろうか。全国の地図上でＤＩＤの分布状況[36]をみると、ほとんどは鉄道（在来線）の駅がＤＩＤの核となっており、鉄道なしでＤＩＤを形成している地域はほとんどない。高速道路のインターチェンジや、在来線と接続していない新幹線の駅は、物理的な交通としての機能はあっても、人が住むＤＩＤの核とならない。もし、大都市圏以外の都道府県で鉄道（在来線）が廃止されたり、あるいは駅周辺の商店街が崩壊することによってＤＩＤが失われると、筆者の推定では、ガソリンにして約一七〇〇万キロリットル、CO_2にして約三七〇〇万トンの増加となる。

この量は、政府の温暖化防止推進大綱において、道路整備（渋滞緩和）により節減されると見込まれる量に匹敵する。いかに道路を整備しても、またその効果が額面どおりであるとしても、その一方で鉄道の在来線ネットワークが崩壊すると、効果が帳消しになる量である。鉄道が環境面からすぐれているのは、単に一人の移動に対するCO_2の発生量がクルマより少ないという意味があるだけでなく、ＤＩＤの核となって、地域の構造を守ってCO_2の発生を抑制する機能が評価されるべきである。

注

１　気候ネットワーク編『よくわかる地球温暖化問題（改訂版）』中央法規出版、二〇〇三年。また気候ネットワークホームページ（http://www.jca.apc.org/kikonet/）、国立環境研究所ホームページ（http://www.nies.go.jp/index-j.html）、全国地球温暖化防止活動推進センターホームページ（http://www・jccca・org/index・html）等を参照されたい。

2 国立環境研究所地球環境研究センター温室効果ガスインベントリオフィス（ＧＩＯ）ホームページ（http://www-gio.nies.go.jp/gio/db-j.html）

3 二酸化炭素（CO_2）・メタン・一酸化二窒素・ハイドロフルオロカーボン類（ＨＦＣｓ）・パーフルオロカーボン類（ＰＦＣｓ）・六フッ化硫黄（ＳＦ六）の六種を指すが、燃料の燃焼に伴って排出されるＣO_2が大部分を占める。

4 民営化委員会第三回議事録（二〇〇二年七月一日）より。

5 民営化委員会第三三回議事録（二〇〇二年一一月三〇日）より。

6 前出３の六種類のガスについて、それぞれＣO_2に換算した量を合算して、日本は六％削減するという割り当てが決められた。

7 地球温暖化推進本部「地球温暖化対策推進大綱」一九九八年。この「大綱」では、エネルギー起源のＣO_2の直接の排出量は、九〇年の水準と同じ（削減ゼロ）にとどめ、その他に森林による吸収や、排出権取り引きなどを見込んだり、原子力発電を前提として六％削減のシナリオを構成しているため、その内容そのものや、実現性についても疑問が示されている。「大綱」に対する議論については、気候ネットワーク編『よくわかる地球温暖化問題（改訂版）』（中央法規出版、二〇〇二年）等を参照されたい。

8 ＢＡＵ（Buisiness As Usual）ケースと呼ばれることもある。

9 日本エネルギー経済研究所『エネルギー・経済統計要覧』各年版より。

10 地球温暖化対策推進本部「地球温暖化対策推進大綱」一九九八年より。

11 中央環境審議会企画政策部会「地球温暖化防止対策の在り方の検討に係る小委員会」報告書、二〇〇〇年一二月一三日、五一頁。

12 CO_2排出抑制研究プロジェクト編「運輸システムの高度化によるCO_2排出抑制に関する研究」日本交通政策研究会『日交研シリーズＡ―二八六』、二〇〇〇年、五七頁。

13 中央環境審議会企画政策部会「地球温暖化対策」検討ヒアリングおよびこれに対する建設省（当時）回答資料、二〇〇〇年三月六日。

14 温暖化対策の量的な推計は、通常一九九〇年が起点であるが、交通部門では、全国的な交通センサス調査（五年おき）のデータが利用可能な一九九四年を起点としたものと思われる。

15 由利昌平「新たな道路整備五箇年計画の実施による道路利用者の便益測定について」『道路交通経済』一九九七年一〇月号、三六頁。

16 政府の温暖化対策推進大綱では、京都議定書の目標年次（二〇〇八～二〇一二年までの第一約束期間）までを三つの期間に分け、それぞれの段階で効果の評価を行いつつ、対策の見直しを行うこととなっている。第一ステップの見直しが二〇〇四年、第二ステップの見直しが二〇〇七年に行われ、最終的に第一約束期間で温室効果ガスを一九九〇年に対して六パーセントの削減（ただし、交通部門に関連の深い「エネルギー起源のCO_2」については、一九九〇年と同量に抑制）を目標としている。

17 社会資本整備審議会第二回環境部会、二〇〇四年四月一九日資料より

18 並河良治・大西博文・山田俊哉・松下雅行・大城温・子根山裕之「CO_2排出量削減予測の評価技術」新道路技術五箇年計画報告、国土交通省ホームページ（http://www.mlit.go.jp/road/road/new5/01/1d.html)

19 CO_2排出抑制研究プロジェクト編「運輸システムの高度化によるCO_2排出抑制に関する研究」日本交通政策研究会『日交研シリーズＡ二八六』二〇〇〇年。

20 環境省地球環境局「温室効果ガス削減技術シナリオ策定調査委員会報告書」第二分冊、七〇頁。

21 経済産業省燃料電池実用化戦略研究会・第一二回資料「水素エネルギー社会の将来像」二〇〇四年三月一一日。
22 吉田邦夫「水素経済は日本の救世主となり得るか」『エネルギー・資源』二五巻六号、二〇〇三年、一頁。
23 北村隆一編著『ポスト・モータリゼーション』二〇三頁、学芸出版社、二〇〇一年。近藤勝直氏担当（第八章）。
24 中村徳彦「燃料電池車の開発状況」『エネルギー・資源』二四巻四号、二〇〇三年、二六頁。
25 国土交通省ホームページ（http://www.mlit.go.jp/jidosha/roadtransport.htm）より。
26 自動車の燃費基準や電気製品（家電、ＯＡ機器など）の省エネ基準を、それぞれの機器において現在商品化されている製品のうち最も優れている機器の性能以上にすること（「省エネルギーセンター」ホームページより）。これにより燃費性能（自動車）の改善が加速されることが期待できる。
27 交通政策審議会交通体系分科会第三回環境部会、資料二、二〇〇三年一二月二二日。
28 総合資源エネルギー調査会需給部会（第二回）宗国委員提出「自動車業界の取り組みと考え方」［配布資料③］http://www.meti.go.jp/report/downloadfiles/g31225c30j.pdf。
29 工藤祐揮・松橋啓介・近藤美則・小林伸治・森口祐一・田邊潔・吉田好邦・松橋隆治「実燃費を考慮した自動車からの都道府県別ＣＯ$_2$排出量の推計」『第一九回エネルギーシステム・経済・環境コンファレンス講演論文集』二〇〇四年、四三一頁。
30 加藤博和・鈴木弘司・丹波晴紀「自動車交通流改善施策の環境負担評価のための走行モード別微視的原単位モデル」『環境システム研究論文集』三〇巻、二〇〇二年一〇月、一三五頁。
31 南斎規介・森口祐一・東野達『産業連関表による環境負荷原単位データブック』国立環境研究所地球環境研究センター、二〇〇二年、付表より。

32 竹下貴之・藤井康正「省エネルギー公共投資のマクロ経済及び産業毎の影響に関する研究」『第一六回エネルギーシステム・経済・環境コンファレンス』講演論文集、二〇〇〇年、一〇三頁。

33 ぎょうせい『二〇〇〇日本物流年鑑』二〇〇〇年より。

34 根本志保子「フードマイルズと私たちのライフスタイル～食料輸送の現状～」『青空の会』講演（二〇〇四年三月）資料より。

35 エコドライブ研究会・（財）政策科学研究所『エコドライブ研究会報告書』二〇〇二年五月。

36 たとえば統計局ホームページ http://www.stat.go.jp/gis/h12/did/index.htm

第五章　「脱道路」が日本を救う

●経済・社会シミュレーション

◆豊かなうちに方向転換しよう

日本はエネルギーのほとんどを輸入に頼っている。したがって、為替レートが交通の費用に大きな影響をもたらす。長期的に為替レート、特に対ドルレートは、円高・円安いずれの傾向になるであろうか。もとより予測であるから不確実性をともなうが、多くの経済アナリストの予測を総合すると、円安に向かうという見方が多い。すなわち円価格にしてエネルギー価格が上昇を続ける中で、日本国内でほとんど産出しない化石エネルギーに依存した自動車・道路系の交通体系を続けることは、国家のエネルギー安全保障としても大きなリスクを背負うことになる。

二〇〇二年には、中国の原油輸入量が日本の輸入量を超えたと報道された[1]。中国は国内でも原油を産出するが、すでにそれだけでは足りなくなって輸入している。今後、中国でのモータリゼーションの進展により、原油の供給が制約され、原油の取り合いによって国際的な緊張が高まるおそれがある。しかし日本の自動車メーカーは中国に進出し、自動車を大量に普及させようとしている。まさに自分で自分の首を締める行為である。

別の要因によるリスクもある。報道によると米国防総省が、地球温暖化による気温変化が一定のレベルを超えると、海洋の大循環が大きく変化するなどの原因により、一気に異常気象などの大災害が多発することを想定して、難民の大量発生、食糧・水資源の争奪をめぐる紛争、各国の利害対立によるEUの崩壊や、食糧難をきっかけにした中国での内戦の可能性を指摘した内部報告書を作成していたという。[2]この報告書でも、エネルギー資源をめぐる日中間の緊張が高まる可能性を指摘している。

交通政策の本質は、低公害車を普及させるとか、石油に代わる燃料を開発するといった技術論ではない。私たちが未来に向けて、国際社会の中での日本のあり方、また日本自身の経済・社会のあり方、そして私たち自身の生き方をどのように選ぶのかという問題である。これから一〇年〜三〇年の間に、国内外の経済・社会は大きく変わるであろう。それらは、起こってから何とかしようと待っている問題ではなく、我々があらかじめ選ぶシナリオによって左右されるのである。

道路公害という範囲にかぎって考えても、まず道路を作ってから環境対策を考えるという思考法は、本末転倒である。もとより、道路の周辺での大気汚染・騒音・振動などの道路公害はいまなお深刻な状態が続いているが、道路公害を最低限がまんできるレベルに押さえ込むというだけなら、どのような技術的対策をとればよいか、おおむねめどがついている。しかしながら、道路の環境問題とは、それだけではない。道路交通システムは、経済システムのありかた、都市の姿、人々のライフスタイル、そして国家のエネルギー安全保障にまで大きな影響を与えることを認識すべきである。

また日本では、原油その他の化石エネルギーの入手にともなう、産出国側での人権侵害や環境破壊に対する認識が乏しいように思われる。エネルギーあたりのCO_2発生量が少ないとして、当面の対策として天然ガスへの転換が提案されることもあるが、天然ガス採掘にあたって、現地の人々の生活環境を破壊したり、警察力や軍事力を以て人々を退去させるなどの問題についての関心が薄い。日本ではこれまで原油の中東依存度が高かったため、定住民のいない砂漠では、少なくとも採掘段階での住民との摩擦にほとんど関心が向けられなかったが、石油から天然ガスへのシフトが促進されるにつれて、日本でも、採掘地における現地の人々との対立を避けて通ることはできなくなるだろう。

◆市民エネルギー調査会

第四章で示したように、政府が示している交通部門の温暖化対策は実効性が乏しい。また交通部門だけでなく、産業・業務・家庭すべての分野にわたって、政府の温暖化対策は実効性が乏しいために、京都議定書に規定された温室効果ガスの削減目標の達成は不可能と考えられる。また温室効果ガスを削減するにしても、その手段が問題となる。すなわち石炭・石油・天然ガス・原子力などのエネルギー構成を将来的にどうするかという政策の問題であり、さらには外交政策、経済政策の基本にかかわる重要な問題である。

いま経済産業省や経済界を中心として提案されているエネルギー政策は、単に京都議定書の目標を達成できないという側面はもとより、日本のマクロ経済の観点からみても、持続的ではない。そこで環境を専門とする国内の市民団体が「市民エネルギー調査会（以下「市民エネ調」）」というプロジェクトを編成し、持続可能な政策パッケージの対案を提示することになった。その対案のシナリオは、政府案に対して上乗せの対策強化を求めるとか、経済や雇用を軽視して環境を優先するといった短絡的な内容ではない。エネルギー・経済・雇用なども統合したマクロ経済モデルを使用し、同時に産業連関分析を介して産業間の需要と供給、生産誘発の整合性を保ったシミュレーションを行ったものである。

すでに二〇一〇年まで時間が残り少なく、かなり強力な対策を取らなければならないことはいうまでもないが、対策を後送りにするほど次の世代に対するしわ寄せが強くなる。豊かなうちに方向転換しなければ、軟着陸はいっそう困難となるにちがいない。いま経済産業省や経済界は、京都議定書は経済にマイナスの影響をもたらすとして、これを反故にする方向に向かおうとしている。しかし「市民エネ調」のシミュレーションは、これと異なる結果を示唆するものとなった。

◆シミュレーションの前提

「市民エネ調」の枠組みは、①京都議定書の約束を守る、すなわちエネルギー起源のCO_2排出量を一九九〇年の水準に抑える、②雇用を守る（少なくとも、政府案にもとづく現状の延長上で予想される失業率よりも改善すること）、③国際競争力を高め、企業にとっても業績回復につながる、④CDM[3]（クリーン開発メカニズム）など京都議定書の「抜け穴」を利用しない、⑤長期的に原子力発電を停止することの五点である。なお⑤については、すでに建設・運転中の原子力発電設備を短期的に停止することは現実的ではないが、二〇三〇年を目途に、原子力発電ゼロをめざすものである。

シナリオの核となる施策は、補助金による初期需要（産業を立ち上げ、量産効果による自立的普及に乗せる）を創出することにより、国際的に環境負荷の低減に貢献できるリーディング産業を育成することである。その財源として、道路整備特別会計、空港整備特別会計などの、石油起源の諸税およそ四兆九〇〇〇億円（二〇〇二年度予算ベース）のうち一兆六〇〇〇億円を、二〇一〇年までの間、環境対策に貢献しうる産業の育成に回すものとする。

この財源を用いて、たとえば高効率冷蔵庫の普及に対して一台あたり二万円（二〇一〇年において補助金総額八〇〇億円）、ハイブリッド乗用車の普及に対して一台あたり一三〇万円を超える額の八割（同じく二〇一〇年において補助金総額一六〇〇億円）などの補助を実施する。

なお貨物輸送の検討においては、産業構造が変化するにつれて、産業分野別の物の動きが変化する関係も組み込んでいる。また第四章にも示したように、消費者からみると同じ商品を購入しているように思えても、その輸送距離が増加しつつあるといった現実を反映したモデルとなっている。このため、貨物の流動量（トン・kmでみた活動指標）は二〇二〇年まで増加を続ける。また旅客輸送量も増加を続けると予測される。その一方で、増加する交通量を吸収すべき道路の整備は、第一章で指摘したとおり、いかに財源を投入したとしても、交通量の増加に追いつかない。すなわち、交通手段の分担の変更、すなわち環境的・空間的な効率の高い公共交通へのシフトが不可欠であることを示唆している。

以上の前提にもとづいて、二〇一〇年までのシミュレーションを実施した結果、エネルギー起源のCO_2排出量が一九九〇年の水準に抑えられるとともに、マクロ経済指標は現状の延長よりも好転する。内訳をみると、石油起源の特別会計を減少させた分だけ道路投資が減少するが、その反面で環境産業の設備投資の増加、輸出の増加によって、GDPの額にして現状の延長よりも五兆九〇〇〇億円の増加となり、就業人数は二万五〇〇〇人増加する。環境を重視するからといって、産業活動を抑制するのではなく、環境面で国際的に貢献できる産業を育成することがポイントとなる。

●日本の交通政策と道路特定財源

◆戦後交通政策の出発点

自動車は便利で、公共交通よりも経済的なので、自動車の利用が増加することは当然だという考え方がよく聞かれる。しかし、それは因果関係を逆に解釈している。自動車の代わりに、より安全かつ公平で、また環境負荷の少ない交通手段を選択する機会が、石油危機などの際に何度かあったにもかかわらず、政治的な要因でそれが活かされなかった。交通政策の結果として、意図的に自動車の利用が便利かつ有利（経済的・社会的）になるような条件を作り出したために、自動車の利用が増加したのである。

けっして人々の自由な選択の結果としてモータリゼーションが普及したのではない。大都市以外の地域では、よく人々が「ここでは自動車がなければ生活できない」と言う。いわゆるマイカーを持つことが夢だった一九七〇年台以前ならともかく、「生活できない」という言い方は、人々にとって、自動車の保有や運転が、必ずしも積極的に求める行為ではないことを示している。このような事態を作り出した要因は何だろうか。従来の日本の交通政策の起源となった考え方として、今野源八郎氏の下記の文献[4]がよく知られている。

「一 綜合計画の必要性　我国の自動車交通発達のためには、国民及び政府の自動車交通発達の重要性に関する認識を深め、それによって道路交通の画期的発達を目標とする次の如き綜合的な政策を樹立することが必要であろう。〔中略〕

四 自家用車普及政策　可及的多数の国民が自動車を所有すること、そして最高の自動車人口maximum car populationをもつことが一国の交通政策上望ましく、国民各自が自らの交通機関を有することは、各自が最も能率的に活動し得る交通条件であろう。この観点から、前述の如き大衆車の大量供給政策と共に、次の一連の自動車普及政策を採らなければならない。（A）高率自動車税の低減、特に一定の大衆車税の減免政策、（B）自動車保険の普及と料率の低減を計る政策、（C）自動車月賦販売の低利金融政策、（D）自動車運転教習普及のため、自動車学校設置の奨励〔以下略〕」

今野氏の文献は、このあと燃料政策にも触れている。自動車交通体系は、道路・車両・運転者・

エネルギー（燃料）の諸要素が不可欠であり、それらの一つでも欠けると成立しない。したがって、道路政策、産業（自動車工業）政策、免許政策、燃料政策など、各分野の政策を、自動車交通を加速するように連動させる必要があるが、まさにその関係が、前述の文献に列記されているのである。「できるだけ多数の自動車が保有されることが望ましい」という発想を基本的に方向転換しないかぎり、道路公団の債務も、「無駄」な道路建設も、交通事故・道路公害も、地球温暖化も、けして止まることなく暴走を続けるだろう。

◆ワトキンス・トラウマ

一九五六年、米国からワトキンス調査団が来日し、次の言葉を残した。「日本の道路は信じ難いほど悪い。工業国にしてこれほど完全にその幹線道路システムを無視してきた国は他にない」[5]という言葉である。これがトラウマとなり、日本の道路関係者は「道路が足りない」という強迫観念の虜となり、日本の国土に、米国を真似た自動車交通体系を持ち込むことに熱中するようになった。それは、明治時代に軍の幹部が海外のどの国に留学するかによって、軍の制服がフランス式になったりドイツ式になったりしたのと同じ意味しか持たないのであるが、困ったことにワトキンス・トラウマはいまも尾を引いている。

「［藤井］今お話があった中でも、東京ほどの大都市が環状の高規格の道路を持ってないというのは、

世界的にも珍しいですね。［中略］

［大石］例えば、今もう一度アメリカから調査団が来て、環状道路をこれだけ無視している国はないというようなレポートをひょっとしたら出していただけるかもわからない。

［藤井］なるほど。第二ワトキンスですか（笑）。それはおもしろいですね[6]」

もっとも一九五〇年代の時代背景として、戦前・戦中の閉塞感から解放され、一転してアメリカン・ドリームを目指した感情も当時の状況では理解できる。しかしそれから、二度の石油危機を経ても考え方を改められず、五〇年を経過して地球環境問題が深刻化した今となっても、方向転換ができていない。それが道路関係四公団の累積債務にもつながる共通の要因である。また一九五〇〜一九七〇年代までは、たしかに一定のペースで道路を建設する必要があったとしても、現在は本来の交通計画上の必要性とかけ離れた政治的要請による道路建設の比率が増えている。

◆道路特定財源の説明をめぐって

多くの自動車の利用者は、自動車関係の諸税や、有料道路料金を今よりも下げるように要求している。この議論の当否を議論するためにも、道路特定財源、すなわち自動車関係の税収を道路だけに用途を限定して支出するシステムが、どのように議論され、作られてきたのかを振り返ることが必要であろう。なお道路特定財源（より一般的な用語としては「目的税」）に関する経済学的な解釈や、賛否両論の諸説は、本章の説明のほかに兒山真也氏の報告に一覧的に要約されているので参照されたい。[7]

いま道路特定財源と呼ばれている諸税の起源は、だれもが知っているとおり道路建設の財源づくりである。揮発油税が一九四九年に創設されて一九五四年に特定財源化、石油ガス税が一九六六年に創設（ただし二分の一を「石油ガス譲与税」として地方に譲与）、自動車重量税が一九七一年に創設（ただし四分の一を「自動車重量譲与税」として地方に譲与）、また地方税として、地方道路譲与税（地方道路税の全額が転用される）が一九五五年に創設、軽油引取税が一九五六年に創設、自動車取得税が一九六八年に創設というように、一九五〇〜一九七〇年代前半までに、およそ現在のシステムが完成した。すなわち、基本的に道路整備の必要性が先にあって、それに見合った財源を作るために課税体系が作られたのである。

道路公団の民営化問題をめぐって、論点の一つとして「料金プール制」が取り上げられた。すなわち、東名・名神など収益性が高い路線と、地方の不採算高速道路が、同一の会計にあるために、黒字部分の収益が赤字部分の穴埋めに回されて、黒字部分の利用者は本来あるべき水準よりも高い料金を負担させられているという批判である。もしこれを問題とするならば、道路特定財源そのものが巨大なプール制である。これまで指摘してきたように、渋滞緩和などのために道路整備の必要性が高い都市部では、現実に道路が作れず、逆に道路が作りやすい農山村部ほど道路整備の必要性が低いという矛盾を抱えているからである。

こうした状況のもとで、すでに強固な既得権に組み込まれてしまった道路特定財源を事後的に正当化するために、一部の経済学者は「租税価格」という珍説を編み出している。それは、自動車関係の諸税を「価格」であると位置づけて、市場メカニズムの一環であるとする説明である。その代表的な説明として岡野行秀氏（交通経済学）を例に挙げる。岡野氏は「第二次大戦後、劣悪な道路の近代化を急速に進めるのに必要な財源を道路整備の受益者である道路利用者の負担に求めたもので、いわゆる受益者負担の制度であることが特徴である」との前提のうえで、道路特定財源を維持すべき理由として、次の諸点を示している。[8]

㈠　道路整備に必要な財源を安定的に確保できること

㈡　受益者負担―厳密には利用者負担―を原則とし、費用を負担しないでサービスだけ消費する「ただ乗り」を許さないこと

㈢　租税価格を道路の需要の強さのシグナルにして道路整備についての資源配分を決定できるので、社会的な資源配分を歪めず、かつ公平な費用負担―税体系―を実現できること

一見してわかるように、㈠で財源を安定的に確保できるとしていながら、㈢では価格をシグナルとして資源配分を決定するというような説明の破綻をきたしている。そもそも、自動車関係の諸税が「価格」の性質を持つならば、自動車利用者の道路サービスの利用量に応じて数字が変化するはずなのに、なぜその税率が国会で決められ、また暫定税率（第一章参照）が定期的（五年ごと）に同じ数字で延長されるのであろうか。

あるいは、道路建設に際して各地で住民との紛争を生じ、強制収用などの公権力の行使を伴わざ

るをえない道路建設が、なぜ市場メカニズムにもとづいていると言いうるのか。こうした詭弁を弄する理由は、道路特定財源の堅持を主張する論者の多くが、[9]同時に市場メカニズムや自由競争を重視し、政府主導の景気対策に否定的な、いわゆる小さな政府論[10]を唱導していながら、それと正反対の道路利権を代弁するという政治的な役割を担っているためである。

いずれにせよ道路特定財源は、近い将来に現実面から破綻するだろう。環境面の制約から、従来の自動車に対して効率が二〜三倍高い自動車が、今後数十年の期間でしだいに普及してゆくことが予想されている。また、今のところ技術的なシナリオは不透明ながらも、化石燃料を起源としないエネルギーを使用する自動車のシェアが急増する可能性もある。この傾向は、もし炭素税といったシステムが導入されれば、いっそう加速することになるだろう。現在の燃料起源の道路特定財源の税収が激減し、ことによると全く徴収できなくなる可能性もある。その時に、彼らがふたたびどのような詭弁を編み出すか注目される。

●転換のシナリオ

◆シナリオの基本

クルマ依存社会からの転換は、個人的な意識改革や呼びかけで達成できるような甘い問題ではない。かりに個人や企業の行動を変えるにしても、政策による裏づけと、支援が不可欠である。それは、補助金といった直接的な誘導もさることながら、しくみ作りの問題が重要である。交通にかぎらず環境の問題では、一部の熱心な人の先鋭的な取り組みよりも、多数の人の行動の集積が大きな力となる。しかし単に呼びかけやお願いでは、多くの人の協力を得ることができない。環境負荷の少ない行動を実践することによって、不便な生活を余儀なくさせられるなど、良いことをした人が損をする仕組みになっているのでは長続きしない。ここで、図5―1のように階層的に考えてはどうだろうか。

すでにクルマは必需品化しており、運転の楽しみや所有欲というよりも、やむをえずクルマを利用している状況がある。まずクルマでの移動の必要性を少なくする地域のあり方（交通需要そのものの減少対策）を考えるべきであろう。最近、都市内の商店街が衰退し、人々が郊外へ流出して、日常の買い物にもクルマに頼らざるを得ないライフスタイルが増えてきた。中心市街地を魅力的な空間に再生し、人の都心居住を促すために、土地利用の規制を強化し、移動の必要性が少ない地域づくりを目指すべきである。これが第一の段階である。また物流（トラック）の制御は困難な面が多いが、第四章で述べたように努力の余地はある。

ところが、こうした交通の需要コントロールは、社会的な合意を求めながら長時間かけて実施しなければならない。人間のライフサイクルにして二世代以上、あるいはさらに長い期間にわたる課題となるであろう。それまでクルマ社会の転換になす術なく待つわけには行かない。次のしくみとして、クルマでなくても済む移動、代わりの手段がある移動については、交通手段の転換を促進す

図5―1　交通体系転換のシナリオ

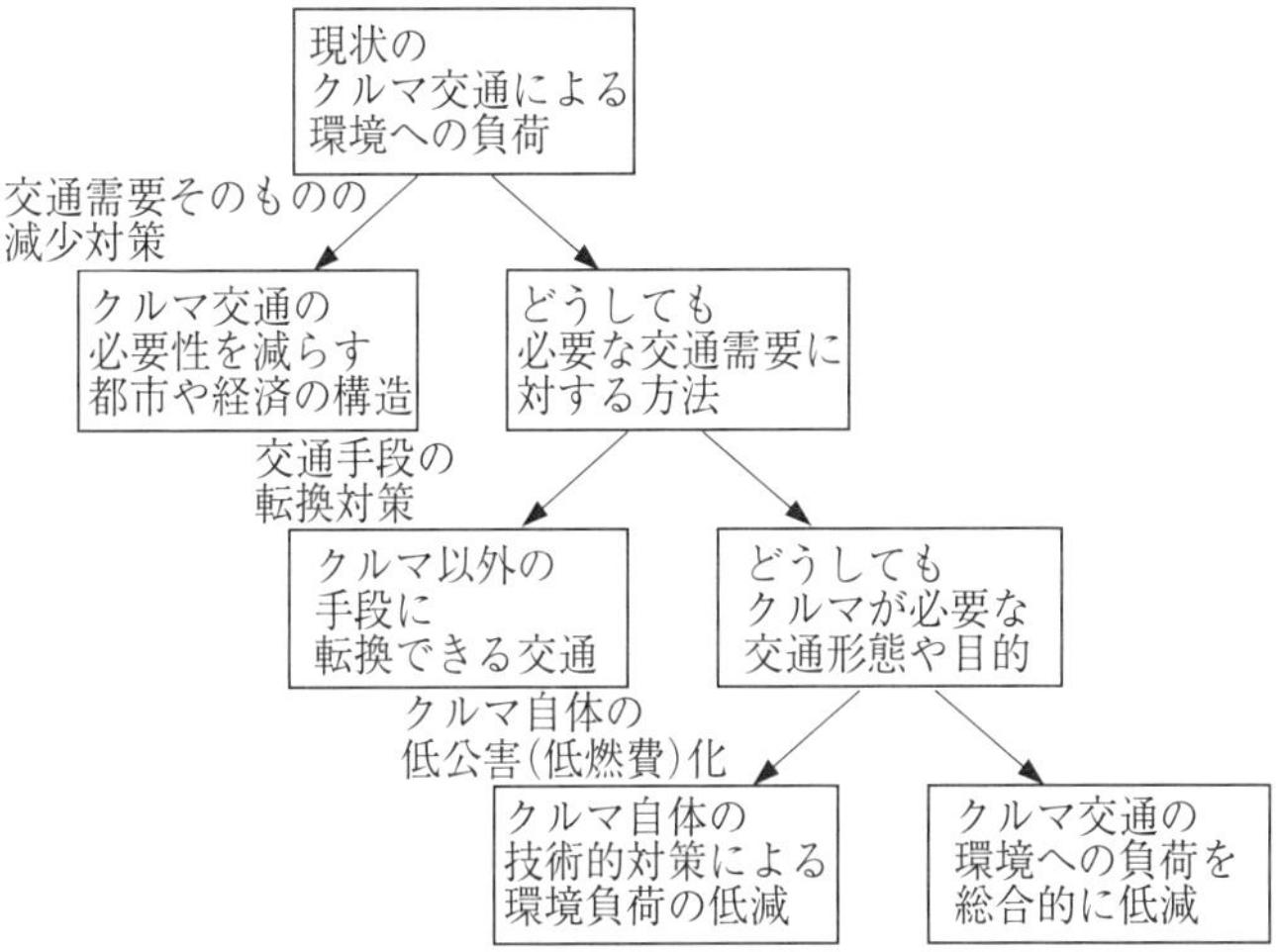

べきである。これが第二の段階である。

この場合も、呼びかけや精神論だけでは実効が挙がらない。安くて便利、またバリアフリーにも配慮した公共交通機関や、安全で快適な自転車用道路、歩行空間の整備など、人々がクルマから移行しやすい受け皿が必要である。これらの施策は同時に、移動制約者の外出と社会参加を促すことにもつながり、単に環境面の意義だけでなく、福祉面など付帯的な効果も少なくない。またこうした効果が、政策の評価にあたって考慮されるべきである。この際、多額の予算を必要とする道路設備などのインフラ対策もさることながら、バス専用レーンの設置、歩行者や自転車が安心して通行できる空間の整備、警察など行政部門相互での調整、市民への広報をもっとシステム的かつ念入りに行うなど、必ずしも多額の予算を伴わず、ソフト面での工夫の余地も少なくない。

このように対策を講じても、なお移動の手段としてクルマを必要とする部分は残るであろう。たとえば福祉的な目的のための交通や、物流には自動車が不可欠である。こうした対象に該当する自動車交通は何かを充分に絞り込んだ上で、その部分について低公害車を普及させる対策が考えられる。これが第三の段階である。ただし第四章でも指摘したように、前段のステップを踏まずに、低公害（燃費）車を普及させることが基本的な解決策であるかのような議論は、本質的なものではない。

◆道路特定財源の転用

前述のように道路特定財源は、基本的に道路整備の財源確保のために、用途を道路投資に限定して創設された税体系であるが、個別の項目でみると異なった議論がなされた項目がある。たとえば特定財源のなかでも最も後期（一九七一年）に創設された自動車重量税は、用途を道路に限定せず鉄道の整備にも使う構想があり、とりあえず運用上で道路に使うものとして創設された経緯がある。また石油危機（一九七三年と一九七九年）を背景として、道路特定財源を新幹線・都市鉄道・ローカル線などの各種鉄道の経営補助や、地方バス路線の維持に利用し、交通体系を省エネルギー型に誘導する「陸上公共輸送整備特別会計構想（一九七九年）」も提案された。旧通産省から、代替エネルギー開発のための財源に利用する提案もあった。

欧州はもとよりアメリカでも、自動車・道路系の偏重を改めて総合交通体系を採用し、公共交通重視に向けて方向転換が実現している。交通関係のインフラ整備の投資配分の内訳[11]をみると、たとえば最近のドイツでは、全体の四三パーセントが鉄道へ配分されている。これに対して日本におけるその比率は、集計の仕方によっても異なるが数パーセント以下である。また最近一〇年弱の間に、米国を含む各地で路面電車の新設・改良が相次ぎ、また欧州全域でカーフリーデー[12]（都市で自動車を使わない日）を一斉に実施するなど、自動車・道路系交通から脱却する動きが具体化している。

フランスの路面電車復活の事例では、先見的な自治体市長の活躍が伝えられているが、単に個人のキャラクターだけで政策が一変したわけではないだろう。欧州といえども、かつてはモータリゼーションが蔓延し、フランスのように路面電車が広範囲に撤去された経緯もある。しかし、石油危機の教訓を活かし、国のエネルギー安全保障の観点からも、交通政策を戦略的に見直した経緯が、いま効果を挙げているのである。

●総合交通政策の枠組み

◆政策の五要素と市民のニーズ

ある計画や施策が、適切に立案されて所期の効果を挙げるために必要な要素を、筆者の考えで五つに要約したものが図5―2である。たとえば道路公害でいうなら「大気中のある汚染物質の濃度を、人間の健康に影響がないレベルまで引き下げる」ことが最終目標となるはずである。その過程で、行政や企業の責任が指摘されることになるが、それは手段の一つに過ぎない。五つとは、①制度、②財源、③社会的合意、④科学的な計測や証明、⑤実施技術であり、これらの要素は独立に存在するのでなく、相互がリンクして機能することが必要である。

たとえば「A」のリンクが欠ければ、いくら法律（条例）で崇高な条文があっても、実施するための財源がなく、画に描いた餅に終わる。逆に財源のあてがないために、法律（条例）には抽象的な理念しか記述できないというケースも生じる。また、「E」のリンクが欠けると、卑近な例では道路交通法に対するスピード超過や路上駐車のように、禁止規定があってもほとんど有名無実という結果に至る。対象が不特定多数の市民になるほど、Eのリンクは難しい。「J」のリンクが欠けた状態は、法律や条例など紙の上でいくら厳しい環境基準を定めていても、それを実現する技術が存在せず「規制あれども実態なし」を意味する。一つの要素だけに注目することなく、相互の関連性に注目した政策の立案が求められる。

これまで「道路を作るための仕組み」は、五つの要素を連動させて、きわめて周到に用意されてきた。たとえば道路特定財源はその典型である。一方、持続的な交通体系を作り出す体系については、個別の要素としてないことはないが、まだまだ相互のリンクが不十分といえよう。その理由の一つとして、交通体系を総合的に包括する制度体系が存在しないことが挙げられるのではないか。海外においては、交通政策の理念を記述した「基本法」的な性格を持つ法律が制定されており[13]、交通

図5―2　政策の５要素

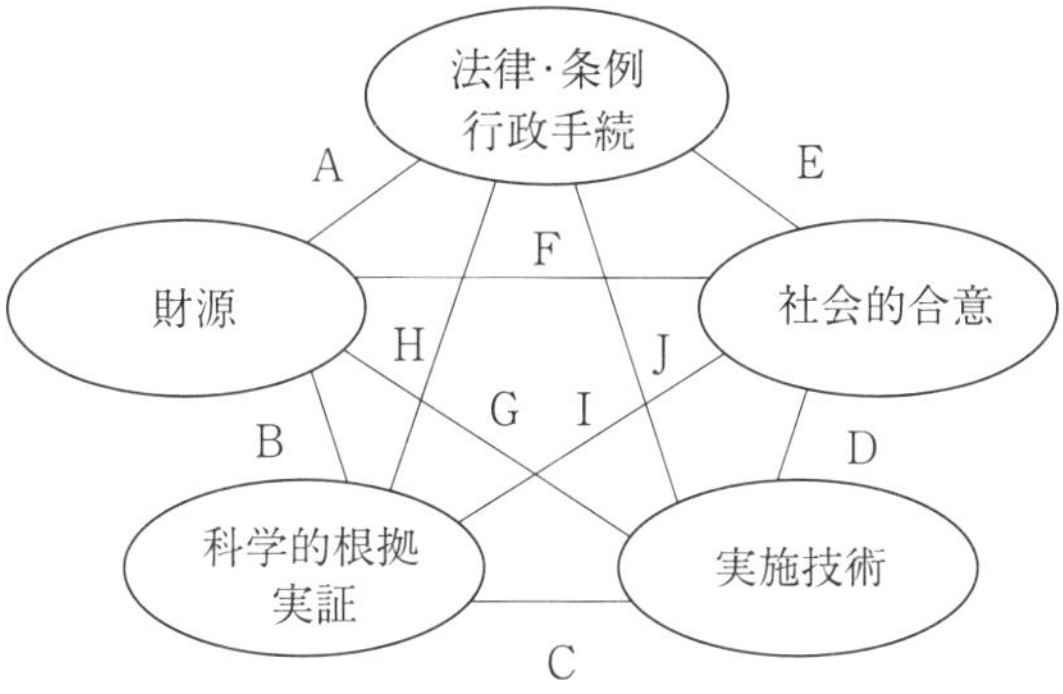

を統一的に管轄する国の中央官庁が設置されている。日本では、二〇〇一年に省庁改編によって旧建設省と旧運輸省その他が統合され国土交通省が発足したが、まだ全体の連携が充分ではない。

国のエネルギー政策、環境政策とシステム的に整合性のある交通政策の統合化を実現するとともに、市民が交通計画に対する科学的・基本的な知識を持ち、交通計画に対して初期の段階から参画することが必要である。これまで、ほとんどの大規模な道路事業に関して、計画がかなり詳細な実施レベルになってから、事業者側から限定的な情報が提供されるだけで事業が強行されるという批判が絶えなかった。これに対して、最近ではＰＩ（パブリックインボルブメント＝計画段階からの情報提供と意見ヒアリング）が実施されるようになった。まだ試行段階ながら、沿道住民をはじめとする関係者の参画、適切な情報提供のあり方を模索する試みが行われている。

筆者らが、環境や交通分野の市民団体にヒアリングを行い、現状の交通政策に関して改善すべき点のコメントを募ったところ、およそ次のような論点に集約された[14]。

① 自動車交通の行き詰まり（渋滞・道路公害）、バリアフリー、地球温暖化対策、国や自治体の財政面の制約からも、ＴＤＭ（交通需要管理）の推進は不可欠である。なかでも、路面公共交通（路面電車やバス）の充実は、それらを同時に解決しうる有効な手段である。

② 環境負荷、事故など、自家用車がもたらす社会的費用を、公共交通への代替によって防いだ分だけ、公共交通の運営補助という形で反映させるべきである。

③ ＴＤＭの諸施策を立案・実施するにあたっては、住民、交通事業者、警察、自治体、事業者など、多岐にわたる関係者の間の調整と合意形成が課題である。地域の交通体系について、交通手段ごとの縦割り組織でなく、一元的に取り扱う仕組みを設ける必要がある。

④ 交通計画の立案・実施に際して、自治体の権限を拡大して、いわゆる地方分権を推進すべきである。またその際に、財源の委譲を伴うことが必要である。

⑤ 中規模都市圏（人口数十万人クラスの県庁所在都市など）において、現状は低レベルにある公共交通のサービスレベルの改善によって、マイカーからのシフトが見込まれ、それによる環境改善効果が期待できる。一方でこうした都市での公共交通は、合理化を徹底したとしても完全な独立採算性の維持は難しい。質の高い交通サービスの提供に必要な設備、安全施設の設置などに関しては、公的な支援が必要である。

⑥ 自家用車から公共交通へのモーダルシフトを促進するにあたり、混雑率の低減はもとより、

着席率の低さ、座席の質など、乗客の快適性を向上させる対策が不可欠である。そのための法的な根拠や事業者への指導が行われるべきである。

⑦ 路面公共交通の中でも、路面電車の新設や改良は、都市の環境改善と、人々の移動の自由の観点から特に有効である。しかし、軌道法その他の法律やその運用において、路面電車の機能を発揮する妨げとなるような諸条項が存在するので、改善が必要である。

⑧ 道路構造令の改訂により、歩行者や自転車の交通や、路面電車の活用が配慮されたが、書類上で可能とするにとどまらず、積極的にその実現を促進するような運用が行われるべきである。

◆交通基本法の展開

このような背景とともに、交通政策上の一連の問題を総合的に整理するために、交通基本法の必要性がながらく論じられ、しだいに具体化しつつある。「交通権憲章」[15]の提案や、民主党の「交通基本法案」[16]である。ここでは特に民主党の交通基本法案の中から要点を参照しながら、総合的な交通政策の内容や、交通基本法を上位法として整備すべき制度システムを考えてみたい。

【法案第一条】この法律は、交通が、国民の諸活動の基礎であるとともに、環境に多大な影響を及ぼすおそれがあることにかんがみ、移動に関する権利を明確にし、及び交通についての基本理念を定め、並びに国、地方公共団体、事業者及び国民の交通についての基本理念に係る責務を明らかにするとともに、交通に関する施策の基本となる事項を定めることにより、交通に関する施策を総合的かつ計画的に推進し、もって国民の健康で文化的な生活の確保及び国民経済の健全な発展に寄与することを目的とする。

この第一条に記述されるように、「移動に関する権利[17]」は、国民の健康で文化的な生活の確保及び国民経済の健全な発展に不可欠な要素であることはいうまでもない。この一部は、すでに交通バリアフリー法として実現している。最近の数年、至るところでエレベータ、エスカレータ工事が行われ、自治体でも交通バリアフリー基本計画の策定が増加している。この交通バリアフリー法でも、対象となる鉄道駅の限定（乗降人数などの基準があり小規模の駅には適用されない）など、不備な点が指摘されているが、制度化の効果は絶大であるというべきであろう。

ただし、交通バリアフリー法という名称のためか、「移動に関する権利」の内容が、公共交通機関の利用に際して歩行上の障害を有する人々のためのものと限定してとらえられる傾向がある。実際には、移動に関する権利はより広範な内容を含むものである。たとえば前述の交通権憲章では、交通事故や交通公害から保護される権利、快適・低廉・便利な交通システムを利用する権利、社会的活動にアクセスする権利などを記述している。

【法案第四条】交通体系の整備は、国土の総合的な利用、開発及び保全に関する国の方針に即し、交通に係る需要の動向、交通施設に関する費用効果分析及び収支の見通しその他交通に係る社会的経済的条件を考慮して、徒歩、自転車、自動車、鉄道、船舶、航空機等による交通が、それぞれの特性に応じて適切な役割を分担し、かつ、有機的かつ効率的に連携することを旨として、総合的に行われなければならない。

【法案第十五条】国は、交通条件に恵まれない地域の住民が日常生活及び社会生活を営むに当たり安全で円滑で快適に移動することができるようにするため、当該地域における交通施設の整備の促進及び輸送サービスの提供の確保その他必要な措置を講ずるものとする。

ここで、費用便益分析（法案での用語は「費用効果分析」）が規定されていることが重要である。現在も公共事業の費用便益分析は行われているが、必ずしも法的な根拠にもとづいておらず、実施手順上のひとつの参考情報という位置づけにとどまっている。これに対して、本書で紹介したドイツのＲＡＳ―Ｗ（第三章参照）のように費用便益分析の法的な位置づけを明確にすることが重要であろう。それとともに、ＲＡＳ―Ｗの特徴である、地域の特性によって効果の評価に重みづけを変えるという考え方は、交通条件に恵まれない地域の住民が、生活を営むにあたり安全で円滑で快適に移動できるという趣旨に対応する。

【法案第五条】交通による環境への負荷については、交通が環境に多大な影響を及ぼすおそれがあることにかんがみ、環境への負荷の少ない健全な経済の発展を図りながら持続的に発展することができる社会が構築されることを旨として、できる限りその低減が図られなければならない。

環境への配慮については、改めて記述する必要もない内容と思われるかもしれないが、実のところ交通が環境におよぼす影響を低減することについて、いまのところ個別の「対策」レベルの制度しか整備されていないのが実情である。すなわち大気汚染、騒音などを規制する道路関係と運輸関係の法律と、自動車単体の燃費を規制する省エネ関係の法律にとどまっている。交通が、健全な経済と持続的な発展に深いかかわりをもつという理念は重要である。

【法案第十七条】国は、都市部における交通の混雑を緩和し、交通の安全性、円滑性及び快適性の向上並びに交通による環境への負荷の低減を図るため、都市鉄道の輸送力の増強及び踏切道の立体交差化の促進、都市部における自動車交通量を抑制するための措置その他必要な措置を講ずるものとする。

いまや、中小規模の都市でさえも、自動車交通の集中による渋滞、道路公害が深刻になっている。都市部における自動車交通量のコントロールは最も重要なポイントであるが、それを実施するための法的な根拠はいまのところ存在しない。それどころか、多岐にわたり絡み合った多数の法律の制約で動きがとれず、警察・道路管理者など、縦割りの行政機関の調整も困難であり、小規模な社会実験すら実施は容易でないのが現実である。法案第十七条を上位法として、関連する行政機関の連携などを義務づけた「都市ＴＤＭ法」などの整備が必要であろう。

【法案第八条】国は、第三条から前条までに定める交通についての基本理念(以下「基本理念」という)にのっとり、交通に関する施策を総合的に策定し、及び実施する責務を有する。

【法案第八条の二】国は、交通に関する施策を策定し、及び実施するに当たっては、国民の参加を積極的に求めなければならない。

【法案第九条】地方公共団体は、基本理念にのっとり、交通に関し、国との適切な役割分担を踏まえて、その地方公共団体の区域の自然的経済的社会的諸条件に応じた施策を策定し、及び実施する責務を有する。

【法案第九条の二】地方公共団体は、交通に関する施策を策定し、及び実施するに当たっては、地域住民の参加を積極的に求めなければならない。


一連の条文では、国レベルおよび地方自治体レベルの交通政策の策定に際して、国民・住民の参加を積極的に求めなければならないとしている。これらを上位法として、たとえば道路整備におけるＰＩの法律的な位置づけを明確にする法体系の整備が必要である。

なお、今後のＰＩ(あるいはそれに相当するステップ)に際しての重点項目として、次の諸点が挙げられるであろう。

①　可能なかぎり初期の段階から、関係者の参加の機会を設けること。

②　最初に特定の計画に限定するのでなく、将来予測の不確実性を考慮して、複数案・代替案の検討を認めること。
③　需要推計や環境影響評価（アセスメント）に際しては、計算手法と条件設定、主要な数字を公開すること。その際、コンピュータ等の活用により、関係者が一同に会して、条件の変更と結果への影響のシミュレーションを体験する等の機会も有効であろう。
④　費用便益分析を実施し、ゼロオプション（実施しないケース）を含めて、計算過程と結果を公開すること。
⑤　計画者と評価者を分離（第三者機関の関与）すること。

◆ＬＲＴ[18]の推進

自動車に依存した都市交通の行き詰まり、都市の生活環境の改善、中心市街地の活性化に対して、軌道系公共交通（ＬＲＴ）の導入が期待されている。しかし現実には、主に財政面の制約から新規の導入が進展しないだけでなく、逆に既存の路面電車の撤去が行われようとしている都市もある。一方、従来の路面電車に対して、都市空間の有効利用やバリアフリー化促進の観点から、補助制度が設けられている。たとえば路面電車走行空間改築事業（走行路面、停留所など）、公共交通移動円滑化補助（バリアフリー車両の導入など）である。

しかしこれらも、路面電車システムを一新するには充分といえず、バリアフリー化にしても、今のペースでは、事業者が全車両を低床車に置き換えるには数十年かかると言われるほどである。こうした状況を打開するには制度的な変革を必要とするという問題意識から、二〇〇四年二月に、超党派の国会議員で「ＬＲＴ推進議員連盟」が設立された。その際に提起された政策課題は、持続的な交通体系について重要な論点を含んでいるので、下記に紹介したい。

①　京都議定書のCO_2削減目標達成のため、交通部門における自治体のCO_2削減目標を設ける。その具体的なステップとして、公共交通分担率の数値目標の設定を求める。

②　地域住民の移動の自由の確保（交通権）は、自治体の責務であり、政策課題である。このため、地域交通に関する統合的な政策の企画・実施を行う部門を自治体に設けるとともに「地域交通計画」を策定することを、法的に明記すべきである。

③　自動車に依存した交通体系からの転換は、単に交通政策だけでなく、国のエネルギー政策・外交政策にまで密接にかかわる問題であることを、国・自治体の議員に認識してもらう。

④　現在まで、道路の整備をもって交通対策と認識している自治体が多いように思われる。道路以外の代替案を用意して社会的な費用や便益評価を実施し、交通政策と環境へのインパクトを評価する手続きを、法的に明記すべきである。

⑤　軌道系交通システムが、都市交通として多くのメリットを有しながらも、初期投資の財源調達が困難なために、なかなか普及しない。初期投資への公的な補助が必要である。

⑥　都市部でのＬＲＴ実現には、特に自治体においては首長と議会が大きな役割を果たす。政治

的な決断をサポートするように、都市交通の計画・実施にあたり、関係の行政機関の相互協力を法的に明記すべきである。

●高速道路無料化論を検討する

◆「日本列島快走論」について

高速道路の無料化については、以前から提案があったが、四公団民営化に関連して再度注目された。高速道路料金についてアンケートを取れば、大多数のユーザーは「できれば安いほうが望ましい、タダならもっとありがたい」と回答するのが自然である。しかし、そのような意見が大勢を占めたからといって、高速道路料金の妥当性を議論する材料にはならない。一部に、「道路法」により道路全般について無料・公開の原則が規定されているとして、高速道路無料化の根拠とする説があるが、これは全く誤りである。道路法には「無料」の用語も記述もなく、無理な解釈を組み合わせてようやく可能となる説明にすぎない。

値下げは、基本的に採算性の範囲内で、新規需要の喚起を期待して行われる。うまく行けば値下げ率を上回る増収につながるし、そこまで行かなくても、現状で稼働率の悪い設備の損失を少しでも回収する効果が期待される。局部的に無料の商品やサービスの提供は珍しくないが、それは客寄せや宣伝、または従来そのシステムを使ったことがない人に体験させて継続的ユーザーを獲得するなどの過程を通じて、システム全体として、あるいは長期的に増収を期待する考え方である。つまり無料化による出費は一種の「投資」である。ところが、高速道路全体を恒久的に無料にするとなると、そもそも採算という概念を放棄するわけだから、経営のあり方として、まったく異なる考え方となる。

一連の民営化の議論において、賛否はいずれであれ、最も緊急の問題であるはずの債務をどうするかについて、意外にも根本的な具体策が提示されなかった。これに対して山崎養世氏『日本列島快走論』（高速道路無料化論を含む）では、債務を低金利の長期国債に一括借り換えすること、ならびに道路財源を債務の償還に使用するという提案が示されている。山崎氏の一連の提案の要点は次のとおりである[19]。

①　いますぐに高速道路を無料にする。ただしそれには、道路四公団が抱える債務を返済することが前提。
②　四公団の累積債務を、超低金利の長期国債に借り換える。
③　道路財源の一部を、前述の国債の金利支払いと償還に利用する。
④　新規の高速道路は、借入金でなく道路財源で建設する。
⑤　従来のインターチェンジの間に、高速道路への出入り口を多数増設する。
⑥　高速道路を含めた道路計画の決定や建設の権限と責任を、地方自治体に移譲する。

ここで①〜④の債務処理と財源に関する一連の構想の実現には、かなりの政治的努力を必要とするが、現実の問題としてそれを選択せざるをえないであろう。ことに高速道路の新規建設を、借入金でなく道路財源でまかなうように是正することは、他に適切な財源が見出せない以上、自明である。ところが、これと無料化論が、どう結びつくのかが、山崎氏の説明、および基本的にこれを基本とした民主党の高速道路改革案[20]でも明確ではない。高速道路の無料化によって日本の経済が活性化し、自動車関係の諸税の収入が増加し、債務の償還もしやすくなるという間接的な効果が期待されているのかもしれないが、定量的なシミュレーションは示されていない。

考えうる説明としては、第一章に示したように、道路財源を償還に用いると自動車ユーザーの抵抗が予想されるため、それに対する言いわけや、反対給付のような意味で無料化するのであろうか。しかしこの説明によっても、道路特定財源自体が巨大なプール制のため、不公平感は免れないと思われる。無料化によって、現状で余裕のある路線、すなわち不採算路線に相当するような地域の利用者は便益を受けるが、逆にもともと混んでいる（利用率の高い）高速道路の沿線地域では、ますます高速道路に乗り込む自動車が増加し、高速道路のメリットが失われるからである。

◆生活圏が広がるとどうなるか

また『日本列島快走論』によると、高速道路の無料化によって、通勤圏、生活圏が広がり、また地方（良好な環境、安価な土地など）と大都市（ビジネス機能）の移動が容易になることによって、人々の双方の利点を活かした生活を営むことができると述べられている。

「高速道路が無料になればクルマで一時間以内、おそらく五〇キロから一〇〇キロ以内が通勤圏、生活圏になります。そうした地域の多くは、これまで市街地としてほとんど見向きもされなかったところなので、地価が安く、住宅にしても会社の建物にしても、広い土地や床面積が確保できます。こうして通勤圏、生活圏が広がれば、いままで誰も住んでいなかった、一つも会社がなかった地域に住宅が建ち、会社がつくられるようになります」

「「高速道路無料化」によって人口移動が起こると、東京など大都市から周辺地域に人が移り住むだけでなく、地方でも中核都市から周辺の田園地帯に移り住む人が増え、ビーチや森、湖に近いところに住む人も増えるでしょう。そして、各地で人口の分散が進み、これまで鉄道と駅という線と点で結ばれる街づくりではなく、高速道路と一般道路が結ばれた道路網を生かした新しい街づくりが始まるようになります[21]」

しかし、人口が分散した居住圏ができると、何が起きるだろうか。ひとつの影響は、生活に必要な移動（交通）のエネルギーが飛躍的に増加することである。図5—3は、人口密集地（DID・第一章参照）と、それ以外の人口密度の低い地域で、住民一人あたりの年間ガソリン消費量の差を示したものである。分散して人々が居住すると、公共交通が成立せず、かといって徒歩や自転車で

図５―３　生活圏の広がりとガソリン消費量

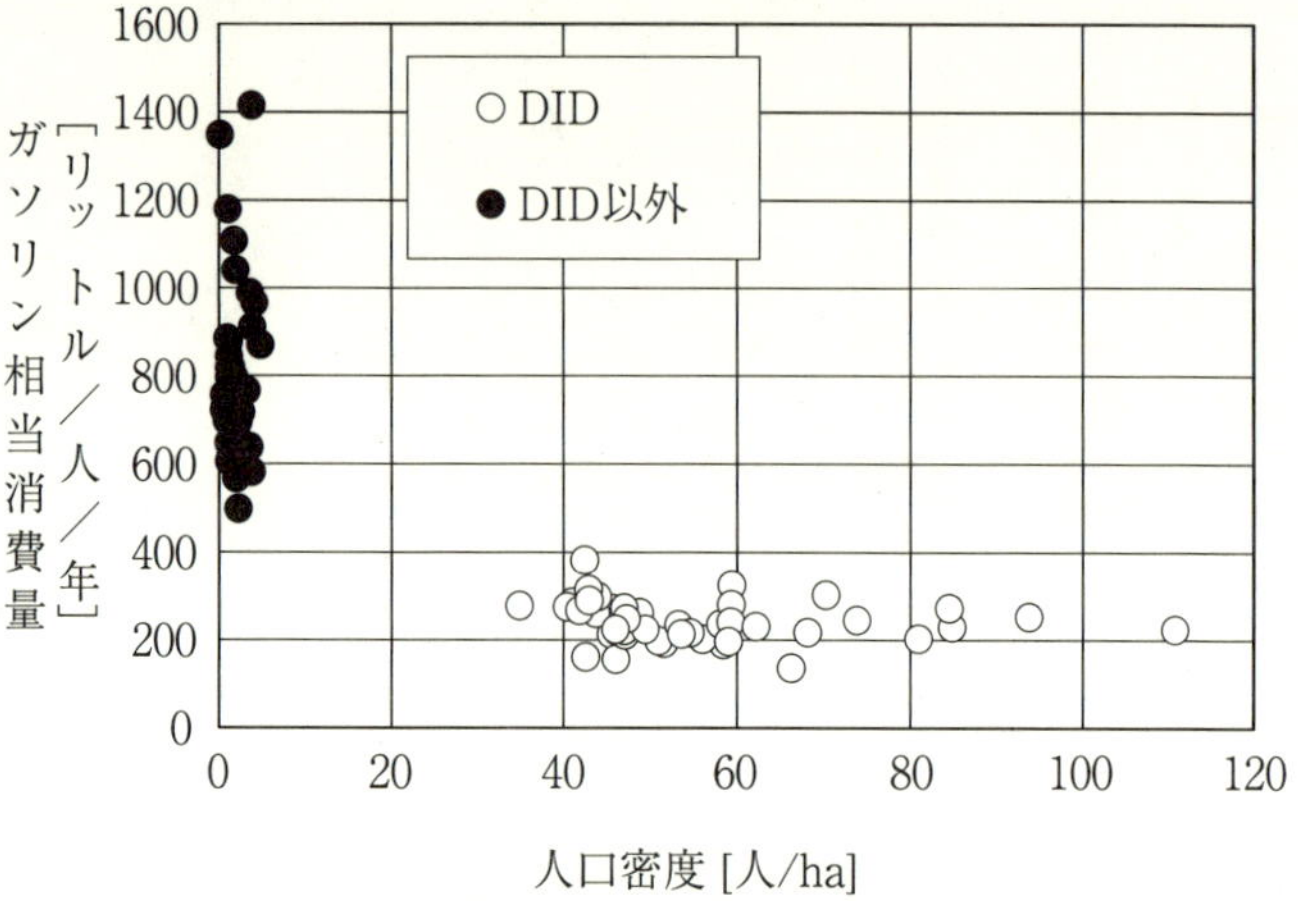

は移動が困難になり、生活に必要な移動を自動車に依存せざるをえなくなる。また一世帯で複数の自動車を保有する必要がある。第一章でも示したように、複数の自動車を保有すると、利用が分散するのでなく、台数に比例して走行距離が増加する。分散した居住圏は、環境面から持続的でない。

なお「人口密集地」というと、道路が混雑する、空気が汚い、騒音に悩まされるといった連想が生じるかもしれないが、そうした問題のほとんどは、自動車の過剰な使用によって生じている。適切な都市計画によって作られた街は、一定の人口密度を維持しつつ、一戸建ての住宅群を基本として、快適な環境を享受することが可能である。これらの街では、鉄道駅を核として、生活に必要なサービスが徒歩や自転車で済む範囲内で提供され、もし長い距離を移動する必要があるときは鉄道が利用できる。

さらに、分散した居住は大きな社会的費用を生じる。人が住むということは何を必要とするのだろうか。土地を用意して住宅を建てるだけではない。電気・ガス・水道・下水を引き、子どもを学校に通わせ、郵便を配り、ごみを集め、福祉サービスを提供する必要がある。積雪地では除雪も大きな負担になる。すなわち行政コストを伴うのである。ある部分は民営事業によってサービスを提供するとしても、いずれのサービスも、インターネットその他の電子的手段で情報さえ届けばよいという種類のサービスではなく、電気を除くと、個別・特定の人間や物体を移動させる必要がある。「これまで市街地としてほとんど見向きもされなかったところ」に街を作ると、こうしたサービスの採算性に打撃を与え、人口密集地の収益で不採算部分を補助するか、結局のところ行政に肩代わりを求めることになりかねない。

◆交通現象としての検討

『日本列島快走論』で言及されていない問題として、クルマを停めるところの問題がある。五〇キロから一〇〇キロ以内が通勤圏、生活圏となると、居住地側では、自宅の庭に駐車場があるか、または比較的容易に貸駐車場が取得できると考えられるが、それらの人々が都市へクルマで通勤すると何が起きるだろうか。大量の駐車場が必要になるのである。「快駐」がなければ「快走」が成立しない。第一章で指摘したように、いまや都市内で駐車場を整備するには、自動車一台あたり数千万円の費用がかかる。結局のところ、またもや「税金の使いみち」を増やすだけなのである。

道路の利用状況そのものはどのように変化するであろうか。これは全国一律ではなく、首都高速、阪神高速のような都市高速道路系と、その他の路線に分けるべきであろう。第一の都市部では、もともと高速道路も一般道も、ほとんど道路の能力一杯に自動車が通行している状態であるから、無料化しても、それぞれの経路を利用する自動車の台数の割合が多少シフトするていどの変化にとどまり、現状に対して大きな変化は予想されない。こうした状況では、高速道路の無料化という方向でなく、都市全体での自動車走行量を削減するために、ロードプライシング[22]等が検討されるべきである。この点は、民主党案でも同様である。

その他の路線については、無料になれば可能なかぎり高速道路を利用したいと考える運転者が増加するから、高速道路の交通量が増加する。しかし、交通需要予測の解説で示したように、高速道路であっても、交通量が増加してくると速度が低下する。逆に、無料になった高速道路に関連する一般道は交通量が減るので、速度が向上する方向になる。双方のバランスで状態が決まるが、ある目的地に対して、高速道路を通っても一般道路を通っても、所要時間が同じという状態が究極的に起こりうる。

高速道路と一般道が並行している地域で、高速道路のほうには余裕があるが、周辺の一般道が混んでいる状況を全国でよく見かける。そうした状況が起きている地域をいくつか（東名道の静岡付近、山陽道の岡山付近、同じく徳山付近など）を選んで検討してみたが、効果は一律ではない。すなわち、無料化によって一般道から高速道に交通量がシフトしてゆくが、じきに高速道のほうも飽和に達して速度が下がり出すとともに、一般道の混雑もあまり改善がない状態で平衡に達してしまうケースも考えられる。いずれにせよ一律の無料化ではなく、個別に詳細なシミュレーションを行い、試験的実施などの段階を経て実施すべきである。

ここで懸念されるのは、前述の山崎氏の『日本列島快走論』で提案されている第五の項目、つまり従来のインターチェンジの他に、高速道路への「出入り口」（一般道とのアクセス口）を多数増設するという点である。これは結局のところ交差点と同じであるから、信号は設けられないにしても道路容量を低下させる要因となる。つまり「出入り口」をたくさん作るほど、一見便利ではあるが、高速道路の交通容量がそれだけ減ることになる。

いずれにせよ、高速道路は物流のための設備と考えるべきである。人の移動には、公共交通などの代替手段が考えられるが、トラックの代替は困難である。無料化によって、能力に余裕のある高速道路を活用しようとしても、乗用車が混入してくると所期の効果が薄れてしまう。逆に、いま容量が足りなくて混雑している高速道路でも、乗用車の通行を制限することによりトラックの通行がスムースになり、それだけでエネルギー消費や排気ガスの低減、交通事故の減少に大きな効果が期待できる。高速道路を無料化するなら、貨物車専用（優先）化を合わせて検討しなければならない。

注

1『日本経済新聞』二〇〇三年一月一一日。
2 二〇〇四年二月二四日、共同通信の配信による。
3 ＣＤＭは、温室効果ガスの削減において、先進国と途上国が共同で温室効果ガス削減事業を途上国内で実施した削減分を、先進国が自国の削減量として充当できる仕組み。先進国の「抜け穴」として利用される可能性があると指摘されている。詳細は気候ネットワーク編『よくわかる地球温暖化問題（改訂版）』中央法規出版、二〇〇三年等を参照されたい。

4 今野源八郎『道路交通政策』東京大学出版会、一九五五年、一二三頁。

5 いくつか訳があるが、安部誠治氏の訳を示す（安部誠治「これからの地域交通と地方自治体の責任」『運輸と経済』六三巻四号、二〇〇三年、一六頁）。原文「The roads of Japan are incredibly bad.No other industrial nation has so completely negleced its highway system.」highway を高速道路と訳した例もみられるが、英語ではふつう日本でいう高速道路ではなく幹線道路に相当すると考えられる。

6 大石久和氏（当時・建設省道路局長）・藤井彌太郎氏対談「二一世紀に向けての道路整備のあり方」『高速道路と自動車』四三巻一号、二〇〇〇年、一〇頁。

7 兒山真也「交通における目的税の再考」『財政と公共政策』創刊号、二〇〇三年、九三頁。

8 中公新書ラクレ編集部編『論争・道路特定財源』（岡野行秀氏担当「道路特定財源を支持する」）二〇〇一年、五頁。

9 たとえば、中公新書ラクレ編集部編『論争・道路特定財源』（中条潮氏担当「道路特定財源は一般財源化せず民営化せよ」）二〇〇一年、五七頁など。

10 政府の役割（規制など）や事業の肥大化が、経済の非効率を招いているとして、規制緩和や事業の縮小により財政経費を減らし市場にゆだねようとする考え方。

11 土方まりこ「ドイツにおける総合交通整備計画」『運輸と経済』六四巻三号、二〇〇四年、七三頁。

12 一九九七年にフランスの一都市から始まったが、現在は欧州（旧東欧を含む）の数百都市、および北米、アジアのいくつかの都市で同時に開催される。さらに二〇〇三年からは実施期間を拡大し「モビリティウィーク」という企画に拡大している。
13 フランス「国内交通基本法」（一九八二年）、スウェーデン「交通政策法」（一九八八年）、アメリカ（連邦）「総合陸上交通効率化法」（一九九一年）など。
14 第二六回市民政策円卓会議資料「環境に配慮した都市交通の整備に関する制度的課題について」市民がつくる政策調査会、二〇〇一年八月九日。
15 交通権学会編『交通権憲章』日本経済評論社、一九九九年。
16 全文は民主党ホームページ（http://www.dpj.or.jp/seisaku/syakai/BOX_SY0039.html）を参照されたい。
17 「交通権」という言い方もあるが、ここでは法案にしたがって移動に関する権利としておく。
18 ＬＲＴ（Light Rail Transit）は主に北米での呼び方で、欧州ではトラムと呼ばれる。伝統的な路面電車との境界は必ずしも明確でないが、路面電車を基本として、低床車両の導入、郊外の一般鉄道との相互乗り入れ、郊外部での高速運転など、都市内および都市周辺においてサービスレベルの向上をはかった軌道交通システム。
19 山崎養世『日本列島快走論』ＮＨＫ出版、二〇〇三年、八頁。
20 たとえば『日本経済新聞』二〇〇四年四月一一日。
21 山崎養世『日本列島快走論』ＮＨＫ出版、二〇〇三年、一一五頁。
22 都心部での自動車交通を削減するため、ある境界線（コードンと呼ばれる）を決めて、それより内部に入る自動車に対して料金を課す方式。シンガポール、ロンドン等で実施例がある。また東京都では二〇〇〇年に検討結果を発表している（東京都ＴＤＭ研究会編『日本初のロードプライシング』都政新報社、二〇〇〇年、三六頁）。環状六号線をコードンとしてその内側に進入する自動車に課金した場合、都区内で年間一六〇トンのＮＯ$_x$が削減されると試算している。

あとがき

二〇〇三年に、おなじく緑風出版から刊行した『持続可能な交通へ』に続いて、本書では最近の数年間で急速に社会的な関心が高まった道路問題を取り上げた。

道路関係四公団の民営化問題をめぐって議論されてきたように、現在の道路行政には多くの問題がある。しかし、そもそも誰が道路を欲しがっているのか？　道路が国民の便益の向上に本当に役立っているのか？この議論を経ずに、人々が現状の交通体系をそのまま将来に延長した発想を持ち、自動車をもっと安く、便利に使いたいと考えているかぎり、その圧力は「無駄な道路」を作る仕組みを動かし続けるにちがいない。

大手ゼネコンから町の個人工務店に至るまで、膨大な数の人々が道路の建設・維持にかかわり、重層的な産業システムを形成して生計を立てているかぎり、国から自治体まで、すべての段階において、あるいは野党を含めてすべての政党とその系列の組織において、「道路族」政治家の存在は不可避となる。道路に代わる新しい価値、ライフスタイルのあり方を合わせて提案しないかぎり、無駄な道路の建設を止めることはできない。そのためには、市民が、より広範に、また初期の段階から、交通政策にかかわることが必要である。

本書の内容をあらためて要約すると、①市民が道路交通に関する基礎知識を共有すること、②その中でも要点のひとつである交通需要予測をどのように理解すべきか考えること、③「むだ」「いる・いらない」という主観論でなく、費用・便益分析という共通の尺度で議論すること、④道路交通に起因する環境問題の中で、とくに地球温暖化を例にとりあげ、早急な対策が望まれること、⑤交通のあり方が、国のエネルギー政策、外交政策にまで影響をおよぼすことを認識し、持続的な交通体系の枠組みを作ること、の諸点である。

もとより本書で取り上げた事項は、交通政策のなかでごく一部にすぎず、これからもたくさんの事項を取り上げる必要がある。

さいわい若手の研究者や学生の中から、また行政の実務に携わる方の中から、交通政策の方向転換をめざして、活動や研究をしたいという希望がよく聞かれるようになった。多くの方と協力し、交通政策に参画を希望する市民のニーズに応えられるように、情報の基盤を整備して行きたいと考えている。

これまでと同様に、本書の執筆にあたり、先人の研究成果を活用させていただくとともに、多くの方々から直接・間接にご協力をいただいた。「環境自治体会議」の須田春海氏・竹下涼子氏・中口毅博氏・増原直樹氏、「気候ネットワーク」の平田仁子氏・畑直之氏、「喜多見ポンポコ会議」の江崎美枝子氏、「市民エネルギー調査会」と「日本環境会議環境再生政策研究会・道路交通再生部会（略称・クルマ社会研究会）」の方々、そのほか多くの方々から貴重な情報と示唆をいただいた。

なお編集者の高須次郎氏には、昨年にひき続き筆者の要望を聞いていただき、この場を借りて厚くお礼を申し上げたい。

二〇〇四年四月一五日

上岡直見

【著者略歴】

上岡直見（かみおか　なおみ）

環境自治体会議 環境政策研究所 主任研究員
1976年 早稲田大学大学院修士課程修了
技術士（化学部門）
1977年～2000年 化学プラントの設計・安全性審査などに従事
2000年より環境自治体会議 環境政策研究所勤務
法政大学・立教大学・新潟大学 非常勤講師
交通権学会事務局長・鉄道まちづくり会議事務局長
［著書］『クルマの不経済学』（北斗出版、1996年）、『自動車にいくらかかっているか』（コモンズ、2002年）、『持続可能な交通へ』（緑風出版、2003年）など。

市民《しみん》のための道路学《どうろがく》

2004年7月10日　初版第1刷発行　　定価2400円＋税

著　者　上岡直見ⓒ
発行者　高須次郎
発行所　緑風出版
〒113-0033　東京都文京区本郷2-17-5　ツイン壱岐坂
［電話］03-3812-9420　［FAX］03-3812-7262
［E-mail］info@ryokufu.com
［郵便振替］00100-9-30776
［URL］http://www.ryokufu.com/
装　幀　堀内朝彦
写　植　R企画
印　刷　モリモト印刷　巣鴨美術印刷
製　本　トキワ製本所
用　紙　大宝紙業　　E2000

〈検印廃止〉乱丁・落丁は送料小社負担でお取り替えします。

Printed in Japan　　ISBN4-8461-0409-5　C0036